Lösungsheft zu

WER ÜBT, KOMMT WEITER

Mathematisches Übungsbuch für die Schüler der Klassen 6 bis 8

(ISBN 3-06-001735-2)

Volk und Wissen Verlag GmbH

Die Lösungen wurden ausgearbeitet von Dr. Lothar Flade, Karlheinz Martin und Dr. Manfred Pruzina.

Redaktion: Annemarie Mai

ISBN 3-06-002221-6

1. Auflage

Printed in Germany

Gesamtherstellung: Druckhaus Schöneweide GmbH

1. Zahlen, Größen, Variable

1.1. Keine Angst vor Brüchen - Gebrochene Zahlen

1. a) $\frac{1}{2}$ b) $\frac{1}{4}$ c) $\frac{2}{8} = \frac{1}{4}$ d) $\frac{1}{3}$ e) $\frac{1}{8}$ f) $\frac{2}{8} = \frac{1}{4}$ g) $\frac{1}{4}$

3. a) 18 Schüler b) 9 c) 27 d) 12 e) 24
f) 6 g) 12 h) 18

5. a) 3 m b) 200 DM c) 4 kg d) 12 l e) 15 kg

6. a) ein Drittel b) 480 m c) 12 000 Exemplare
d) 24 Stimmen e) $\frac{1}{4}$ l
f) Frank: 4; Michael: 6; Felix: 7 g) 210 m² h) $\frac{3}{5}$

7. a) $\frac{1}{3}$ b) $\frac{5}{8}$ c) $\frac{3}{7}$ d) teilerfremd e) $\frac{3}{4}$ f) $\frac{3}{2}$
g) 1 h) 4 i) $\frac{1}{2}$ k) $\frac{1}{3}$ l) $\frac{3}{2}$ m) $\frac{1}{12}$ n)* $\frac{13}{14}$

8. a) 2 b) nein c) nein d) nein
e) erst durch 2 kürzen, dann mit 3 erweitern
f) nein g) 9 h) durch 2 kürzen, dann mit 3 erweitern

9. $\frac{6}{40}$; richtig: $\frac{6}{42}$ | $\frac{16}{105}$; richtig: $\frac{15}{105}$ | $\frac{2}{7}$; richtig: $\frac{2}{14}$

10. a) $\frac{1}{16}$; $\frac{4}{16}$ b) $\frac{3}{4}$; $\frac{3}{4}$ c) $\frac{9}{21}$; $\frac{7}{21}$ d) $\frac{3}{4}$; $\frac{2}{4}$
e) $\frac{1}{12}$; $\frac{2}{12}$ f) $\frac{3}{8}$; $\frac{4}{8}$ g) $\frac{15}{21}$; $\frac{7}{21}$ h) $\frac{4}{6}$; $\frac{6}{6}$
i) $\frac{28}{28}$; $\frac{4}{28}$ k) $\frac{8}{12}$; $\frac{9}{12}$ l) $\frac{3}{30}$; $\frac{10}{30}$ m) $\frac{6}{10}$; $\frac{7}{10}$
n) $\frac{6}{24}$; $\frac{16}{24}$ o) $\frac{2}{8}$; $\frac{3}{8}$ p) $\frac{10}{30}$; $\frac{10}{30}$, also $\frac{1}{3}$; $\frac{1}{3}$

11. a) $\frac{5}{4}$ b) $\frac{7}{8}$ c) $\frac{19}{15}$ d) $\frac{37}{36}$ e) $\frac{12}{35}$ f) $\frac{23}{21}$
g) $\frac{4}{6} = \frac{2}{3}$ h) $\frac{7}{4}$ i) $\frac{2}{3}$ k) $\frac{7}{3}$ l) 1
m) 2 n) 1 o) 3 p) $\frac{5}{3}$ q) $\frac{7}{3}$

12. a) 2,2 b) 2,01 c) 4,02 d) 12,27 e) 5,07
f) 2 g) 5,1 h) 7,93 i) 1 k) 0,5
l) 0,625 m) $\frac{2}{3}$ oder $0,\overline{6}$ n)* 1 o) 0,7
p) 2,75 q) 1 r) 1,2 s) $1\frac{2}{3}$

13. a) $\frac{1}{4}$ b) $\frac{7}{15}$ c) $\frac{4}{15}$ d) 0 e) 0,05
f) 0 g) $\frac{1}{2}$ h) $\frac{2}{3}$ i) 0 k) 0,19
l) 0 m) $\frac{1}{6}$ n) $\frac{7}{12}$ o) 1,03 p) $\frac{1}{3}$
q)* $\frac{1}{4}$ r) 0,91 s) 0 t) 0,75 u) 0,25
v)* $\frac{3}{4}$ w)* 2 x)* $2\frac{5}{6}$ y)* 5

14. a) $\frac{3}{10}$ b) $\frac{10}{21}$ c) $\frac{3}{8}$ d) $\frac{6}{5}$ e) $\frac{2}{3}$ f) 1 g) 1 h) 0
i) 0 k) $\frac{1}{16}$ l) 1 m) $\frac{4}{15}$ n) 0,125 o) 4 p) 2
q) 28 r) $\frac{45}{20}$ s) 0,9 t) 0,16 u) 0 v) $\frac{3}{4}$

15. a) $\frac{21}{20}$ b) $\frac{10}{3}$ c) $\frac{14}{15}$ d) $\frac{15}{8}$ e) $\frac{1}{4}$ f) 40 g) 2
h) 1 i) 10 k) 9 l) $\frac{9}{2}$ m) $\frac{9}{4}$ n) $\frac{1}{7}$ o) 2
p) 0 q) n. def. r) 5 s) 1 t) 40 u) 1 v) 5
w) 5 x) 16 y) 4

16. a) 9,2 b) 42,6 c) 30 d) 3,3 e) 0,5 f) 10
g) 0,25 h) 13 i) 135 k) 1,7 l) 0 m) 0
n) 3 o) 12 p) n. def. q) 0,1 r) 2,99 s) 4,42
t) 12,2 u) 1,3 v) 1,13 w) 120,8 x) 0,071 y) 0,06

17. a) $\frac{13}{12}$ b) $\frac{2}{15}$ c) $\frac{6}{5}$ d) $\frac{1}{3}$ e) 0,49 f) 0,23
g) 3,61 h) 11 i) $\frac{4}{11}$ k) 1 l) 7 m) $\frac{1}{2}$
n) 1 o) $5\frac{1}{4}$ p) 0,25 q) 36 r) $\frac{1}{8}$ s) 0
t) $\frac{2}{9}$ u) $\frac{3}{4}$ v) 3 w) $\frac{3}{16}$ x) 0 y) $\frac{2}{3}$

18. a) $\frac{7}{6} \cdot \frac{3}{4} = \frac{7}{8}$ b) $\frac{3}{10} : \frac{4}{6} = \frac{9}{20}$ c) $\frac{21}{4} \cdot \frac{2}{3} = \frac{7}{2} = 3\frac{1}{2}$

d) $0 : \frac{25}{28} = 0$ e) $\frac{1}{6} : \frac{3}{4} = \frac{2}{9}$ f) $\frac{1}{2} + \frac{9}{16} = \frac{17}{16} = 1\frac{1}{16}$

g) $\frac{9}{8} - \frac{1}{2} = \frac{5}{8}$ h) $\frac{5}{2} - \frac{1}{2} = 2$ i) $\frac{1}{2} + 1 = 1\frac{1}{2}$

k) $\frac{3}{4} - \frac{1}{2} = \frac{1}{4}$ l) $\frac{9}{16} - \frac{1}{16} = \frac{1}{2}$ m) $\frac{2}{27} \cdot 27 = 2$

n)* $\frac{14}{12} : 7 = \frac{1}{6}$ o)* $(0{,}5 \cdot \frac{12}{6}) : 2 = \frac{1}{2}$

p)* $\frac{21}{4} : \frac{9}{12} = 7$ q)* $3 : 1 = 3$

19. a) 1. Zeile: 1; $\frac{11}{12}$; $\frac{21}{20}$; $\frac{13}{12}$; $\frac{3}{4}$; $\frac{1}{4}$

2. Zeile: $\frac{13}{12}$; 1; $\frac{17}{15}$; $\frac{7}{6}$; $\frac{5}{6}$; $\frac{1}{3}$

3. Zeile: $\frac{23}{20}$; $\frac{16}{15}$; $\frac{6}{5}$; $\frac{37}{30}$; $\frac{9}{10}$; $\frac{2}{5}$

4. Zeile: $\frac{11}{12}$; $\frac{5}{6}$; $\frac{29}{30}$; 1; $\frac{2}{3}$; $\frac{1}{6}$

5. Zeile: $\frac{17}{20}$; $\frac{23}{30}$; $\frac{9}{10}$; $\frac{28}{30}$; 0,6; 0,1

6. Zeile: $1\frac{3}{4}$; $1\frac{2}{3}$; $1\frac{4}{5}$; $1\frac{5}{6}$; 1,5; 1

b) 1. Zeile: $\frac{3}{16}$; $\frac{2}{12} = \frac{1}{6}$; $\frac{1}{5}$; $\frac{5}{24}$; $\frac{1}{8}$; 0

2. Zeile: $\frac{1}{4}$; $\frac{2}{9}$; $\frac{4}{15}$; $\frac{5}{18}$; $\frac{1}{6}$; 0

3. Zeile: $\frac{3}{10}$; $\frac{4}{15}$; $\frac{8}{25}$; $\frac{1}{3}$; $\frac{1}{5}$; 0

4. Zeile: $\frac{1}{8}$; $\frac{2}{18} = \frac{1}{9}$; $\frac{2}{15}$; $\frac{5}{36}$; $\frac{1}{12}$; 0

5. Zeile: $\frac{3}{40}$; $\frac{2}{30} = \frac{1}{15}$; $\frac{4}{50} = \frac{2}{25}$; $\frac{5}{60} = \frac{1}{12}$; 0,05; 0

6. Zeile: $\frac{3}{4}$; $\frac{2}{3}$; $\frac{4}{5}$; $\frac{5}{6}$; 0,5; 0

c) 1. Zeile: 3; $\frac{8}{3}$; $\frac{16}{5}$; $\frac{10}{3}$; 2; 0

2. Zeile: $\frac{9}{4}$; 2; $\frac{12}{5}$; $\frac{5}{2}$; $\frac{3}{2}$; 0

3. Zeile: $\frac{15}{4}$; $\frac{5}{3}$; 2; $\frac{25}{12}$; $\frac{5}{4}$; 0

4. Zeile: $\frac{9}{2}$; 4; $\frac{24}{5}$; 5; 3; 0

5. Zeile: $\frac{15}{2}$; $\frac{20}{3}$; 8; $\frac{25}{3}$; 5; 0

6. Zeile: $\frac{3}{4}$; $\frac{2}{3}$; $\frac{4}{5}$; $\frac{5}{6}$; 0,5; 0

20. a) $1\frac{3}{7}$ b) $1\frac{1}{2}$ c) $\frac{1}{2}$ d) $1\frac{1}{8}$ e) 0 f) $\frac{3}{4}$

g) $\frac{3}{4}$ h)* 1,73 i) 2 k) $\frac{4}{3}$ l) $\frac{3}{4}$ m) 3

21. a) richtig b) $\frac{1}{2} + \frac{1}{4} = \frac{3}{4}$ c) richtig d) 14 : 0,5 = 28

e) 0,2 • 0,2 = 0,04 f) richtig g) richtig

h) richtig i) richtig k) $\frac{1}{6} + \frac{2}{3} = \frac{5}{6}$

l) richtig m) richtig n) $\frac{1}{2} + \frac{2}{2} = 1\frac{1}{2}$ o) 3 - 1 = 2

p) richtig

22. a) + b) - c) - d) + e) + oder - f) • oder :

g) • h) • i) : k) • l) •, dann + m) +, dann •

23. a) 0; 0,25; $\frac{1}{3}$; $\frac{2}{4}$; 0,7; 1 b) $\frac{1}{10}$; 0,125; $\frac{1}{4}$; 0,5; 1,1

c) $0,\overline{1}$; 1,25; 0,2; $\frac{2}{8}$; $\frac{2}{3}$

d) 0; 0,25; 0,3; $\frac{1}{3}$; $0,\overline{6}$; 0,67; 1,3

24. a) 8 > 6 b) 7 > 6 c) 6 < 8 d) 12 > 9

25. a) < b) < c) > d) = e) > f) > g) <

h) > i) > k) = l) = m) <

26. a) 8,35 < <u>9</u>,35 b) 8,97 < 8,9<u>8</u> c) 4,2<u>9</u> > 4,28

d) n.l. e) z.B. 0,53 < 0,63 f) z.B. $0,4^2 < 0,26$

g) n.l. h) $0,04 = 0,2^2$

29. a) $<$ b) $>$ c) $<$ d) $>$ e) $=$
f) $<$ g) $<$ h) $=$ i) $>$

30.* a) $\frac{1}{2} \cdot (\frac{1}{2} - \frac{1}{2}) = 0$ b) $\frac{1}{2} + \frac{1}{2} \cdot \frac{1}{2} = \frac{3}{4}$ c) $(\frac{1}{2} + \frac{1}{2}) \cdot \frac{1}{2} = \frac{1}{2}$
d) $\frac{1}{2} : (\frac{1}{2} + \frac{1}{2}) = \frac{1}{2}$ e) $\frac{1}{4} + \frac{1}{4} - \frac{1}{2} \quad \frac{1}{2} = \frac{1}{4}$
f) $\frac{3}{4} : (\frac{1}{4} \cdot \frac{1}{4}) = 12$

31. a) 0,56; 0,6 b) 0,52; 0,5 c) 3,75; 3,8 d) 12,08; 12,1
e) 0,33; 0,3 f) 0,67; 0,7 g) 1,56; 1,6 h) 17,18; 17,2
i) 7,99; 8,0 k) 0,95;1,0 l) 100,99; 101,0 m) 27,25; 27,2

32. a) 0,33 b) 0,13 c) 0,17 d) 0,67 e) 0,11
f) 0,14 g) 0,44 h) 0,43

33. a) $4 \cdot 7 = 28$ b) $15 \cdot 0,2 = 3$ c) $0,13 : 0,39 = 0,33$
d) $0,73 : 0,01 = 73$ e) $7 \cdot 0,01 = 0,07$ f) $470 \cdot 0,1 = 47$
g) $0,2 : 0,5 = 0,4$ h) $42 : 14 = 3$ i) $0,04 \cdot 0,1 = 0,004$
k) $12 \cdot 100 = 1\,200$ l) $7 \cdot 0,1 = 0,7$ m) $5 : 10 = 0,5$

34.* a) $14 < 3,72 \cdot 4,13 < 16$ b) $1,35 < 15,97 \cdot 0,091 < 1,6$
c) $49,5 < 5,23 \cdot 9,91 < 53$ d) $0,67 < 4,32 : 5,28 < 1$
e) $450 < 98,7 : 0,123 < 1\,000$ f) $0,7 < 5,82 : 7,32 < 0,85$
g) $0,04 < 4,32 \cdot 0,019 < 0,086$
h) $5 < 17,2 : 2,94 < 9$ i) $0,28 < 4,23 \cdot 0,073 < 0,4$

35. a) $x = \frac{2}{5}$ b) $x = \frac{3}{4}$ c) $a = \frac{1}{2}$ d) $z = 1$
e) $x = \frac{1}{8}$ f) $y = 0,1$ g) $z = 10$ h) $x = 10$
i) $x = \frac{2}{3}$ k) $x = \frac{3}{2}$ l) $y = \frac{3}{5}$ m) $a = \frac{3}{2}$
n) $x = \frac{1}{10}$ o) $x = \frac{1}{6}$ p) $z = \frac{3}{6} = \frac{1}{2}$ q) $z = 27$

37.* a) $y = 2$ b) $z = 0$ c) n.l., da $\frac{3}{4} > \frac{1}{2}$

d) $x = 2$; $y = 4$ oder $x = 4$; $y = 2$

e) N. l., denn bei $x = 1$ ist $\frac{x}{2}$ zu klein und bei $x = 2$ ist $\frac{x}{2}$ zu groß.

f) $\frac{x}{y} = \frac{1}{3}$, also $x = 1$ und $y = 3$. Es gibt weitere Lösungspaare, zum Beispiel $x = 2$; $y = 6$.

g) $x = 1$ h) $y = 2$

i) $a = 4$; $b = 2$ oder $a = 8$; $b = 6$ sowie weitere Lösungen

k) $a = 2$; $b = 2$ oder $a = 1$; $b = 3$ oder $a = 3$; $b = 1$ oder $a = 0$; $b = 4$ oder $a = 4$; $b = 0$

38. a) $\frac{1}{2} + \frac{1}{8} = \frac{5}{8}$ b) $0{,}25 \cdot \frac{1}{2} \cdot 1{,}6 = 0{,}2$ c) n.l.

d) $0{,}5 \cdot 2 - (\frac{2}{3} - \frac{1}{3}) = \frac{2}{3}$

39. a) $(0{,}5)^2 \cdot 4 - \frac{1}{3} = \frac{2}{3}$

b) $(0{,}5 - \frac{1}{2}) \cdot (\frac{3}{4} + \frac{1}{2}) = 0$

40.

$\frac{4}{9}$	$\frac{7}{18}$	$\frac{1}{6}$
$\frac{1}{18}$	$\frac{1}{3}$	$\frac{11}{18}$
$\frac{1}{2}$	$\frac{5}{18}$	$\frac{2}{9}$

Aufgabenmix 1

1. $\frac{5}{6}$; $\frac{7}{8}$; $\frac{11}{10}$; $\frac{9}{8}$; 1,2

2. a) $\frac{25}{28}$ b) $\frac{27}{8} = 3\,\frac{3}{8}$ c) $\frac{49}{6} = 8\,\frac{1}{6}$

4. Es reicht, ein Gegenbeispiel zu geben: 2,0; 2,05; 2,1. Gebrochene Zahlen haben keine Nachfolger.

5. a) 2,05 b) $\frac{241}{252} \approx 0{,}956$

Aufgabenmix 2

1. für $0 \leq x < 0{,}01$

2. a) 1 b) 1 c) 0

3. a) $(0{,}75 + \frac{2}{8}) \cdot \frac{4}{33} = \frac{4}{33}$ b) $0{,}125 \cdot \frac{1}{8} - \frac{1}{64} = 0$

   c) $\frac{2}{3} : (0{,}\overline{3} + \frac{1}{3}) = 1$

4. $A = 5{,}55\ \text{cm}^2$; $u = 10{,}4\ \text{cm}$

Aufgabenmix 3

1. a) 3,5; 2,25; 0,125; $0{,}\overline{1}$; $0{,}\overline{3}$ b) $\frac{5}{4}$; $\frac{6}{10} = \frac{3}{5}$; $\frac{2}{3}$; $\frac{3}{2}$

2. a) $\frac{3}{8}$ ist falsch; richtig: $\frac{8}{4} = 2$ b) richtig

   c) 0,9 ist falsch; richtig: 0,09

4. a) falsch b) wahr; z.B.: $x = \frac{1}{2}$; $y = \frac{1}{4}$

   c) wahr; z.B.: $x = \frac{1}{4}$; $y = \frac{4}{1}$ d) wahr; z.B.: $x = \frac{1}{2}$; $y = \frac{1}{4}$

Aufgabenmix 4

1. a) 24 und 4

   b) 33 und 11

   c) 195; teilerfremd

2.

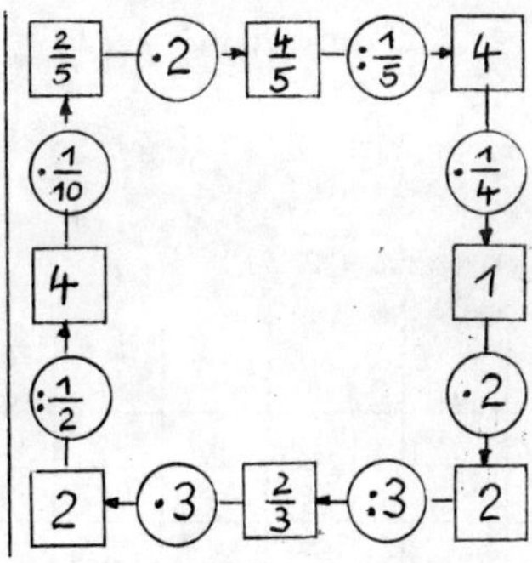

3. $\frac{31}{32}$

4. 28 Schüler

Aufgabenmix 5

1. a) $\frac{3}{10}$; $\frac{1}{3}$; $\frac{3}{32}$; $\frac{15}{2}$; 12; $\frac{5}{4}$

   b) $\frac{4}{5}$; $\frac{8}{9}$; $\frac{1}{4}$; 20; 32; $\frac{10}{3}$

2. a) 3 b) 6 c) 12

3. 5 bis 6 Kilogramm Blut

4. 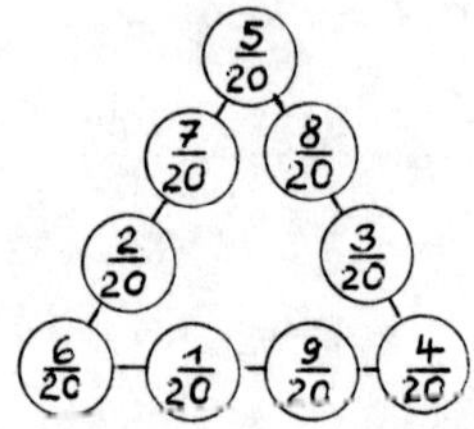

Aufgabenmix 6

1. a) 5 000 m b) 3 000 m c) 1 500 m

2. $\frac{1}{2} + \frac{1}{2} = 1$; $\frac{1}{2} : \frac{1}{2} = 1$

3. $\frac{1}{2} \cdot \frac{2}{3} = \frac{1}{3}$; $\frac{1}{3} + \frac{4}{6} = 1$; $1 : \frac{1}{3} = 3$; $3 : 9 = \frac{1}{3}$; $\frac{1}{3} - \frac{1}{6} = \frac{1}{6}$;

   $\frac{1}{6} \cdot \frac{3}{2} = \frac{1}{4}$; $\frac{1}{4} - \frac{2}{8} = 0$; $0 \cdot \frac{1}{4} = 0$; $0 + \frac{1}{2} = \frac{1}{2}$

Aufgabenmix 7

1. a) $\frac{3}{5} = \frac{18}{30}$ b) $\frac{3}{7} = \frac{27}{63}$ c) $\frac{5}{9} = \frac{45}{81}$

   d) $\frac{0}{4} = \frac{0}{16}$ e) $\frac{3}{4} = \frac{24}{32}$ f) $\frac{6}{12} = \frac{30}{60}$

2. 16mal (bzw. 32mal)

3.

a	$\frac{1}{4}$	0,5	3	$\frac{1}{5}$	$\frac{2}{3}$	0
a²	$\frac{1}{16}$	0,25	9	$\frac{1}{25}$	$\frac{4}{9}$	0
$\frac{1}{a}$	4	2	$\frac{1}{3}$	5	1,5	0

4. a) 127,3 b) 80 c) 0,018 d) 0,07

   e) o,64 f) 0,12 g) 0,2 h) 5,7

5. a) $y = x$ b) $y = \frac{1}{x}$ c) falsch (nur eine Zahl: $x = y = 1$)

1.2. Maßangaben massenhaft - Größen

3. 1 mm³, 1 m³, 1 l, 1 ml, 1 dm³, 1 hl

4.

a)	b)	c)
130 mm	800 m	0,0781 km
13 dm	7 m	7 800 cm
7 cm	730 cm	9 mm
190 cm	70 m	0,08 dm
1 370 m	930 mm	0,001 m

5.

a)	b)	c)
130 mm^2	78 000 m^2	4 400 000 m^2
780 dm^2	0,007 873 km^2	700 000 mm^2
0,007 cm^2	0,797 7 m^2	0,013 cm^2
0,70 cm^2	872 100 cm^2	7 000 mm^2
2,73 m^2	973 000 mm^2	130 ha

d)	e)	f)
1 732 000 dm^3	3 728 000 dm^3	710 000 cm^3
0,012 dm^3	5 780 dm^3	73 000 mm^3
0,013 2 cm^3	0,000 007 28 m^3	0,007 2 cm^3
0,555 cm^3	0,000 005 73 dm^3	0,005 1 m^3
710 cm^3	0,000 907 cm^3	70 dm^3

6. a)

mm	cm	dm	m	km
1 000	100	10	1	0,001
15	1,5	0,15	0,015	0,000015
200 000	20 000	2 000	200	0,2

b)

mm²	cm²	dm²	m²	ha
1 000 000	10 000	100	1	0,0001
15 000	150	1,5	0,015	0,0000015
1	0,01	0,0001	0,000001	0,0000000001

Fortsetzung der Tabelle ⟶

km²
0,000001
0,000000015
0,000000000001

c)

mm³	cm³	dm³	m³	ml	cl	dl
1 000 000	1 000	1	$\frac{1}{1\,000}$	1 000	100	10
250 000	250	0,25	0,00025	250	25	2,5
500 000	500	0,5	0,0005	500	50	5
1	$\frac{1}{1\,000}$	$\frac{1}{10^6}$	$\frac{1}{10^9}$	$\frac{1}{1\,000}$	$\frac{1}{10^4}$	$\frac{1}{10^5}$

Fortsetzung der Tabelle ⟶

l	hl
1	0,01
0,25	0,0025
0,5	0,005
$\frac{1}{10^6}$	$\frac{1}{10^8}$

7. a) 9 700 g b) 58,7 dt c) 700 mg
5 000 kg 7 300 kg 0,739 g
300 kg 5,78 dt 0,005 39 kg
5 000 mg 0,005 7 t 95 380 kg
0,730 kg 700 g 70 000 g

d) 7 000 ml e) 773 20 l f) 180 min
70 l 700 ml 210 min
0,000 8 l 300 ml 75 s
7,83 hl 0,073 l 150 s
0,005 9 l 7,324 hl 2 min

8. a) 35 dm b) 700 mm^2 c) 180 min d) 3 dt e) 700 mm^3 f) 5 cm g) 420 s h) 50 cm i) 3 000 g k) 70 cm^2 l) 10 dm^3 m) 351 Pf

9. a) 0,307 dm b) 0,007 cm^2 c) 1,5 h d) 0,37 dt e) 0,000 02 cm^3 f) 0,73 dm g) 1,75 min h) 0,05 cm i) 0,03 t k) 0,07 dm^2 l) 0,173 m^3 m) 37,51 dm^2 n) 0,55 DM o) 0,900 km p) 1,5 dm q) 0,5 h

10. a) 1,25 h b) 2,75 h c) 2,5 h d) 1 h 43 min e) 4 h 10 min

11. a) 50 cm b) 10 mm c) 100 cm^2 d) 250 dm^3 e) 25 l f) 300 min

12. a) 4,343 m b) 3 720 ml c) 7 007 000 m^2 d) 7 837 kg e) n.l. f) n.l.

13. a) der vierte Teil b) die Hälfte c) der 10. Teil d) zwei Drittel e) der 60. Teil f) der 6. Teil g) der 20. Teil h) der 12. Teil

14. a) 10 Tage b) 30 Tage c) 43 Tage

15. (siehe folgende Seite oben)

16.

a)	b)	c)	d)	e)	f)
<	<	<	<	<	<
>	<	<	>	>	<
>	<	>	>	>	>
=	<	<	<	=	<

15.

Länge der Strecke	1 : 200 000	1 : 50 000	1 : 100 000
5 km	2,5 cm	10 cm	5 cm
8 km	4 cm	16 cm	8 cm
1 km	0,5 cm	2 cm	1 cm
4 km	2 cm	8 cm	4 cm
20 km	10 cm	40 cm	20 cm
500 m	2,5 mm	1 cm	5 mm
800 m	4 mm	1,6 cm	8 mm

17. Näherungswerte sind a), c), f) und g).

18. a) 13,72 km ≈ 14 km b) 12 870 Einwohner ≈ 12 900 Einwohner
c) 13 Farbbüchsen

19.

2,4	2,35 und 2,45	0,04	0,035 und 0,045
13	12,5 und 13,5	11	10,5 und 11,5
20,1	20,05 und 20,15	11,0	10,95 und 11,05
2,00	1,995 und 2,005	11,00	10,995 und 11,005

20. a), b)

21. a) 7,2 cm b) 7,1 cm c) 1,8 cm d) 0,5 cm
e) 9,2 cm² f) 0,2 cm² g) 5,30 cm h) 0,8 cm³

Aufgabenmix 1

1.

	Maßstab	Originalstrecke	Bildstrecke
a)	1 : 10 000	100 m	1 cm
b)	1 : 25 000	1 km	4 cm
c)	1 : 500 000	5 km	1 cm
d)	1 : 25 000	500 m	2 cm

2. a) 3,4 m = 34 dm b) 91 m² = 9 100 dm² c) 1 ml = 0,001 l

d) 3 t = 3 000 kg e) 1 cm³ = 0,001 dm³

3. a) 1 m = 100 cm b) 1 m² = 100 dm² c) 1 m³ = 1 000 000 cm³

d) 1 l = 1 000 ml

4. 14 m²

5. a) 3,816 m² $\approx$ 3,8 m² b) 6,02 m $\approx$ 6,0 m

Aufgabenmix 2

2.

	Maßstab	Originalstrecke	Bildstrecke
a)	1 : 4	1 cm	2,5 mm
b)	1 : 10	5 m	50 cm
c)	1 : 1 000	5 m	5 mm
d)	1 : 200 000	10 km	5 cm

3. a) 0,07 dm b) 0,07 dm² c) 0,0073 dm³ d) 0,27 cl e) 2 min

5. ha, dm², cm²

1.3. Pro Hundert - kontra Tausend - Prozentrechnung

1. a) 50 % b) 25 % c) 75 % d) 25 % e) 33,3 %

2. a) 1 000 DM b) 50 % c) 10 DM

3. a) 12 DM b) 3 kg c) 50 t d) 175 m² e) 35 DM
f) 8,4 l g) 65 l h) 52,50 DM i) 10 ha k) 450 kg
l) 120 g m) 60 DM

4. a) $12 > 10$ b) $20 < 50$ c) $2{,}1 > 1{,}8$
d) $10 < 48$ e) $45 > 30$

5. a) 1 000 DM b) 300 kg c) 8 l d) 300 t
e) 100 DM f) 200 m² g) 325 g h) 20 h
i) 40 g k) 2 000 s l) 16 km² m) 210 DM

6.

300 %	120 %	50 %	40 %	20 %	0,5 %
900 m²	360 m²	150 m²	120 m²	60 m²	1,5 m²

7. a) 1 % b) 10 % c) 25 % d) 12,5 % e) 3 %
f) 30 % g) 50 % h) 125 % i) 300 % k) 1 %
l) 25 % m) 10 %

8. a) z.B. 10 % von 380 = 38 b) z.B. 25 % von 240 = 60

10. a) 168,36 b) 205 c) 75,67 % d) 25 % ist richtig
e) 300 f) 12,75 g) 218,09 h) 113 % ist richtig

11. a) 80 % b) 45 % c) 140 % d) 40 % e) 100 % f) 120 %

13. $66\frac{2}{3}$ % der Schüler sind Schwimmer, 10 Schüler Nichtschwimmer.

14. Gartenlaube 18°; Beerenstr. 108°; Gemüse 90°; Rasen 144°

15. 1 - 36°; 2 - 108°; 3 - 144°; 4 - 36°; 5 - 36°

16. a) 36,00 DM b)* Nach 7 Jahren steigt das Guthaben auf 901,98 DM, wenn von der Weiterverzinsung der Pfennige Abstand genommen wird. (2. Jahr: 674,16 DM; 3. Jahr: 714,60 DM; 4. Jahr: 757,44 DM; 5. Jahr: 802,86 DM; 6. Jahr: 850,98 DM; 7. Jahr: 901,98 DM)

17.

Guthaben (DM)	500	100	800	200	2 200
Zinsen (DM)	30	3,25	12	3	27,50
Zinssatz (%)	6 •	6,5	9	3	5
Monate	12	6	2	6	3

18. 314,10 DM

19. 20 000 DM

20. 22 kg 21,739

21. 1 536 l (Vorjahr: 1 600 l)

22.* 0,15 % ($\frac{3}{20}$ %)

23. um 392 %

24. 7,2 kg

25.* 110 Männer; 220 Frauen; 330 Kinder (50 %)

26.* a) um 300 %
b) auf 400 %

27. 156,75 DM

28. 490,94 DM

29. a) 10 % b) 12,5 %

30. 182,5 % (1 J. ≙ 365 Tg.)

31. Der Händler verlangt mit 220,-- DM • 6 = 1 320,-- DM einen Mehrpreis von 70,-- DM. Die Bank erzielt bei ihrem Kredit von 1 250,-- DM und einem Zinssatz von 8,6 % in 6 Mon. einen Gewinn von 53,75 DM. Die Bank ist günstiger.

32.

Bank	A	B	C	D
Altes Guthaben (DM)	28 370,--	3 840,--	5 320,--	9 350,--
Zinssatz (%)	8	3	3,5	4,8
Zinsen (DM)	2 269,60	115,20	186,20	448,80
Neues Guthaben (nach einem Jahr)(DM)	30 639,60	3 955,20	5 506,20	9 798,80

1.3.

Aufgabenmix 1

1.

10 %	25 %	50 %	$66\frac{2}{3}$ %	75 %	100 %	101 %	110 %
6 t	15 t	30 t	40 t	45 t	60 t	60,6 t	66 t

2. a) z.B.: $\frac{1}{12}$ von 240 l = 20 l b) z. B.: 30 l von 90 l ≙ $33\frac{1}{3}$

3. a) 25 % von 80 sind $\frac{1}{4}$ von 80, also 20; 80 % von 25 sind $\frac{4}{5}$ von 25, also 20; folglich führen beide auf 20;

oder: $\frac{25}{100} \cdot 80 = \frac{80}{100} \cdot 25$.

b) $\frac{a}{100} \cdot b = \frac{b}{100} \cdot a$

Aufgabenmix 2

1. Zu akzeptieren sind a), b), c). Bei d) hätte man 25 %, bei e) 320 t erwartet.

2. Nein. Der Anteil kann nicht festgelegt werden, er ist jedoch kleiner als 50 %.

3. Das ist richtig.

4.

Guthaben in DM	650	2 000	12 000	6 000	720
Zinsen in DM	108,16	27,08	210	100	54
Zinssatz (%)	8	3,25	7	5	10
Zeit in Mon.	24	5	3	4	9

Aufgabenmix 3

1.

Grundwert	300	280	20	10	35	200	30	33
Prozentwert	3	7	25	10	3,5	300	45	22
Prozentsatz (%)	1	2,5	125	100	10	150	150	$66\frac{2}{3}$

2. a) Möglich, wenn die Schüler jeweils nur ein Instrument lernen.

   b) Möglich, wenn alle Klavierspieler gleichfalls Geige spielen.

   c) nicht möglich

4. 392 t

1.4. Es wird negativ - Rationale Zahlen

1. a) -4; -3,2; -2,7; 0; 3,8; 5

   b) -3,7; -2,87; -2,78; -0,5; -0,48; 0; 0,25; 4,2

   c) - 1; $-\frac{1}{4}$; -0,2; 0; 0,5; $\frac{3}{4}$

   d) -2; $-\frac{1}{3}$; -0,3; 0; 0,3; $\frac{1}{3}$; 1,73

   e) -2,7; $-0,\overline{6}$; -0,6; -0,59; $\frac{2}{3}$; 0,75; 1

   f) -24,2; -17,8; -17; -1,9; 0; 23,9; 24

   g) -3,52; -3,5; -3,49; -1; 0; 3,49; 3,5; 3,52

   h) $-\frac{2}{3}$; -0,6; -0,55; $-\frac{1}{4}$; 0; $\frac{1}{4}$; 0,3; $\frac{1}{3}$; 0,5

   i) $-1\,\frac{1}{2}$; -1,3; -1,29; $-1\,\frac{1}{4}$; -1,2; 0; 1,2; $1\,\frac{1}{2}$

2. a) -379 b) -0,60 c) -0,501 d) -299

   e) 77,0 f) n.l. g) -2,9 h) n.l.

3.

a)	b)	c)	d)	e)	f)
-5	-5,9	-4	1,7	-12	2,9
-12	-14,1	7	-5,2	-14	-1,4
-16	-9,1	-10	2,5	11	2
-31	-17,8	3	-7	-12	-2,1
-41	-12,95	-4	-1,2	-9	-0,1

g)	h)	i)	k)	l)	m)
-24	0,5	$-\frac{3}{4}$	$-\frac{1}{4}$	$-\frac{1}{3}$	-2
-32	3				
-5	-3,2	$\frac{1}{4}$	0	$1\frac{1}{4}$	$2\frac{1}{4}$
16	-9,3				
-32	-0,4	$-\frac{2}{3}$	$-\frac{3}{4}$	$-1\frac{1}{2}$	$-\frac{1}{4}$

4. a) -9,7 b) 6 c) 1 d) -10 e) 15

f) 0 g) $-\frac{1}{4}$ h) 0 i) $\frac{1}{2}$

5. a) x = -2 b) x = 2 c) x = 0 d) x = 6,5 e) x = 2,2

f) L = ∅ g) x = -2 h) x = -24 i) x = -9

6. a) 0,4; 0,1; -0,2 b) -0,6; -0,2; 0,2; 0,6

c) Für "?" steht -0,2.

0; -0,2; -0,4; -0,6; -0,8

7.

a)	3	-7	-0,5	-6	4
-2	1	-9	-2,5	-8	-6
5	8	-2	4,5	-1	1
5,5	8,5	-1,5	5	-0,5	1,5
1	4	-6	0,5	-5	-3
7	10	0	6,5	1	11

b)	3	-7	0,5	-6	4
-2	-5	5	-2,5	4	-6
5	2	12	4,5	11	1
-6,5	9,5	0,5	-7	-0,5	-10,5
1	-2	8	0,5	7	-3
-7	-10	0	-7,5	-1	-11

8.

a)	b)	c)	d)	e)	f)
-56	-6,6	100	-15	-12	18
-72	-15,6	616	5,6	-11	-3
-39	-1,44	169	-0,72	-8	-7
-80	-4,5	121	-0,42	-7	-0,7
-90	-9,1	105	0	-24	-50

g) -6; 20; 6,5; -7; -0,8 h) 2,47; 2,7; 0; -0,9; n.def.

9. a) -6,4 b) $\frac{1}{8}$ c) 0 d) $\frac{1}{8}$ e) $\frac{1}{4}$ f) -0,4

g) 0 h) $-\frac{9}{16}$ i) $-\frac{3}{2}$

10. a) 2 b) -14 c) -2 d) -2 e) -48 f) 28

g) $-\frac{3}{4}$ h) -2 i) 48 k) $-\frac{4}{3}$ l) 44 m) 28

11. a) x = -8 b) x = -18 c) x = 18 d) $x = -\frac{1}{8}$ e) x = 5

f) x = 5 g) x = 3 h) x = -5 i) x = -1

12. a) + b) - c) + d) - e) : f) ·,: g) •,: h) :

13. a), b) und d) minus; e) plus; c) ohne Vorzeichen, da 0

14. a) 1; -2; 4; -8; 16 b) -27; 9; -3; 1; $-\frac{1}{3}$

c) Für "?" steht z.B. • (-2). Dann folgt: -1; 2; -4; 8; -16.

15. a) < b) > c) > d) < e) > f) < g) >

h) = i) < k) > l) <

16. a) $\underbrace{0{,}5 + (-1)}$

$-\frac{1}{2} : 2 = \underline{\underline{-\frac{1}{4}}}$

b) $\underbrace{5{,}5 - 1{,}2}$

$-\underbrace{8{,}6 : 4{,}3}$

$(-2) : (-2) = 1$

17. a) -14 b) -8 c) 4 d) -6 e) -32 f) -20

18. a) 9 b) 1 c) 24 d) 11 e) 51 f) 49

g) 7 h) 12 i) 1 k) 12 l) 1,5 m) 1,66

19. 3; -6; -12; 24; 1; -3; -15; -1,5

$-\frac{1}{4}$; 0,5; 1; -2; $-\frac{1}{12}$; 0,25; 1,25; 0,125

$\frac{1}{2}$; -1; -2; 4; $\frac{1}{6}$; -0,5; -2,5; -0,25

9; -18; -36; 72; 3; -9; -45; -4,5

27; -54; -108; 216; 9; -27; -135; -13,5

0; 0; 0; 0; 0; 0; 0; 0

2; -4; -8; 16; $\frac{2}{3}$; -2; -10; -1

20. a) $\{13; -13\}$ b) $\emptyset$ c) $\{0\}$ d) $\{8; -8\}$

e) $\{2; -2\}$ f) $\emptyset$ g) $x \in R$ mit $x \leqq 0$ h) $x \in R$ mit $x \geqq$

21. nicht möglich für d) und h)

23. a) 0,2 b) 0,6 c) 0 d) $\frac{2}{3}$ e) 1,2 f) $\frac{4}{5}$

g) 2 h) n.l. i) 2 k) $\frac{1}{2}$

24. Falsch gelöst: b) $0,4^2 = 0,16$; d) $2 - 3 \cdot 4^2 = -46$;

h) $\sqrt{(-4)^2} = 4$; i) $-3 + 2\sqrt{4} = 1$.

25.

a)	b)	c)	d)	e)	f)
49	121	$\frac{1}{4}$	6,25	9	25
169	225	$\frac{9}{16}$	$\frac{9}{25}$	12	8
256	625	0,16	0,81	7	17
64	36	1,21	1,96	14	10
81	144	1,44	16	15	n.l.

26. a) 6 und 7 b) 1 und 2 c) 11 und 12 d) 15 und 16

e) 2 und 3 f) 0 und 1 g) 14 und 15 h) 0 und 1

27. a) > b) > c) < d) = e) > f) < g) < h) >

28. a) $x = -10$ b) $x_1 = 3$; $x_2 = -3$ c) $L = \emptyset$ d) $x = 2$
e) $a_1 = 4$; $a_2 = -4$ f) $x_1 = 5$; $x_2 = -5$ g) $x = 4$
h) $b = \frac{1}{9}$ i) $c = 9$

29. a) $y = 0$ b) $a = 6{,}25$ c) $L = \emptyset$ d) $y = 5$ e) $x = 2$ f) $a = 3$

Aufgabenmix 1

1. a) $-1{,}7$; $-\frac{1}{2}$; $-\frac{1}{3}$; 0; $0{,}3$ b) $-0{,}6$; $0{,}2^2$; $\sqrt{\frac{1}{9}}$; $0{,}\overline{6} = \frac{2}{3}$; $|-4|$
2. nicht möglich für e) und g)
3. 1,4
4. 0
5. Falsch sind alle 4 Aussagen.

Aufgabenmix 2

1. $x = -2$: $|x| = 2$; $-x = 2$; $-|x| = -2$
$x = 1$: $|x| = 1$; $-x = -1$; $-|x| = -1$
$x = 0{,}5$: $|x| = 0{,}5$; $-x = -0{,}5$; $-|x| = -0{,}5$
$x = 0$: $|x| = 0$; $-x = 0$; $-|x| = 0$
$x = -2^2$: $|x| = 2^2$; $-x = 2^2$; $-|x| = -2^2$
2. Alle drei Aussagen sind wahr.
3. a) 0 b) 0,04 c) $-\frac{3}{4}$ d) 0
4. a) falsch: $-13 - 3 = -16$ b) richtig c) falsch: $3 + 4 \cdot 5 = 23$
d) richtig
5. a) $a = -6$ b) $a = -6$

Aufgabenmix 3

1. Falsch gelöst sind a), c), d), e).
2. a) 49 b) 19 c) 11 d) 14
3. nicht möglich
4. a) $\cdot$ b) $+$ c) $:, \cdot$
5. Alle drei Aussagen sind falsch.

Aufgabenmix 4

1. a) $5 \cdot 7 < 40 < 6 \cdot 7$ b) $15 \cdot 7 < 110 < 16 \cdot 7$

   c) $3 \cdot 7 < 5^2 < 4 \cdot 7$ d) $1 \cdot 7 < \sqrt{50} < 2 \cdot 7$

2. a) $\frac{3}{4}$ b) 11 c) -2 d) $\frac{5}{6}$ e) 12 f) 1 g) -10 h) 7

3. a) $\frac{3}{4}$ b) 11 c) -2 d) $\frac{5}{6}$ e) 12 f) 1 g) -10 h) 7

4. a) 15; 20; 25; 30; ...
   Beginnend mit -5 wird schrittweise 5 addiert.

   b) -16; -25; -36; -49; ...
   Die Quadrate der natürlichen Zahlen werden schrittweise gebildet und mit (-1) multipliziert.

   c) -32; 64; -128; 256; ...
   Die Potenzen von 2, beginnend mit 2^1, werden schrittweise gebildet und im Falle ungerader Potenzen mit dem negativen Vorzeichen, anderenfalls mit dem positiven Vorzeichen versehen.

   d)* 14; 20; 25; 29; ...
   Beginnend mit -20 werden der Reihe nach die Zahlen 10, 10 + 9, 10 + 9 + 8,... addiert.

   e)* -6; -9; -7; -10; ...
   Beginnend mit -5 werden abwechselnd + 2 addiert und + 3 subtrahiert.

5. Nicht erklärt sind b) und d).

Aufgabenmix 5

1. a) 73 b) 604,13 c) 7,091 d) 19,209 e) -0,899

   f) 10 846 g) 0,9652 h) 72 i) 7,1025

2. a) $m_1 = 3$; $m_2 = -3$ b) $x = -5$ c) $x_1 = 3$; $x_2 = -3$

   d) $x_1 = 5$; $x_2 = -7$

3. a) $\{8; 9; 10; 11\}$ b) $\{-3; -2; -1; 0; 1\}$ c) $L = \emptyset$

4. a) $(-0{,}2)^2 = 0{,}04$
$0{,}04 : (-4) = -0{,}01$
$-0{,}01 + 1{,}01 = 1$

b) $(-2)(-8) = 16$
$\sqrt{16} = 4$; $9^2 = 81$
$4 - 81 = -77$

1.5. Platzhalter - Variablen

1. a) $5x - 3$ b) $6a - 4$ c) $b - 3$ d) $-2x + 3$
e) -2 f) -3 g) 0 h) $4k - 6l + 4$
i) $3x + 2$ k) $3\frac{1}{2}x$

2. a) $4a + 6b$ b) $2x + 2y$ c) $3x - 6y$ d) $-6a + 3b$
e) $2x + 1$ f) $x - \frac{1}{2}$ g) $-6x - 12y$ h) $-6x + 4y$
i) $-2x + 5y$ k) $-3a + b$ l) $-2x - 2y$ m) $8x + 16$
n) $-4c + 8$ o) $4x + 2$ p) $\frac{1}{2}d - e$ q) $-8y + 8x$
r) 0 s) $1 - 2e$

3. a) $15 + 4x$ b) $-3 + 2x$ c) $-6x + 16$ d) $-x - 3a$
e) $-x - 6$ f) $12x + 10$ g) $x - 10$ h) $a - b$
i) $22x + 22$ k) $x + 9$ l) $3x + 3ax + 3bx$ m) $4a$

4. a) falsch $(2x + 3)$ c) falsch $(9a - 3ab)$ d) falsch $(9x)$
e) falsch $(6x^2 - 2x)$ f) falsch $(11a)$ h) falsch $(3x - 3)$
i) falsch $(-2x + 2b)$ k) falsch $(-x - 2y)$ l) falsch $(x^2 + 2x)$
m) falsch $(4y)$

5. a) $3x$ b) $3a$ c) $-5a$; $3b$ d) $-7t$ e) $-4x$; 3 f) 4
g) 5 h) $\frac{1}{2}y$; $3x$ i) 3 k) -1 l) -2; $-2a$
m)* -2; $2x$ n)* $0{,}5$; $2y$

6. a) $8x$ b) $8a$ c) $-16y$ d) $8xy$ e) $-6xz$ f) $6xy$
g) $6x^2y$ h) $2xy^2$ i) $-4a^2b$ k) $-4s^2t^2$ l) 0 m) $21ay^2z$
n) $-\frac{1}{2}a^2b + 4b$ o) $\frac{1}{2}ab + xy$ p) 0 q) $3a^2b^2$

r) $-6ab + 4a^2$ s) v^2 t) 0 u) 0,16x

v) $-6{,}6x^2 - 0{,}6x$ w) y^2

7. a) $9x$ b) $3b$ c) $4a$ d) $11xy^2$ e) $7ab$

f) $-15x^2$ g) -1 h) 0 i) $8y$ k) 3 l) $-y^2$ m) $3b$

8. a) $\frac{x}{2y}$ b) $\frac{3b}{4}$ c) $\frac{4a}{5}$ d) $-\frac{1}{3}$ e) $\frac{ab}{3}$ f) $-\frac{x}{3}$

9. a) $2(2a + 3b)$ b) $3(3x + 4y)$ c) $-3(2u + 3v)$

d) $2(2x - 3y)$ e) $a(3b + 7)$ f) $-2b(3a - 2)$

g) $a(2b + 1)$ h) $2ab(-a + b)$ i) $x(\frac{1}{2}y - \frac{1}{3}x)$

k) $\frac{b}{2}(a - c)$ l) $2b(a - 2b)$ m) $-\frac{x}{4}(y + 1)$

n) $2a(b - a)$ o) $\sqrt{3}(x - yz)$ p) $x(x^2 + 2x + 1)$

q) $x(x + 2y - 2)$

10. a) $5x + 4$ b) $2x - 7$ c) 0 d) $-6xy$ e) $2y$

f) $2y$ g) $-2x^2y$ h) $-6a^2$ i) 8 k) $-12a^2$

11. a) $-4a - 6b$ b) $6x^2 + 6xy$ c) $3x^2 - 2xy$ d) $-x^2 - x^2y$

e) $4x^2 + 14xy + 12y^2$ f) $ac + bc + ad + bd$

g) $2x + xz - 2y - yz$ h) $2ab + b^2 - 6a - 3b$

i) $12uv + 8u - 3v - 2$ k) $a^2 - b^2$ l) $-2a^2 - 3ab - b^2$

m) $a^2 + 2ab + b^2$ n) $x^2 - y^2$ o) $a^2 - 2ab + b^2$

p) $-2x^2 - xy + 3y^2$ q) $-6a^2 - 13ab - 2b^2$ r) 0

12. a) $a^2 - b^2$ b) $2b$ c) $2a$ d) $a + 3b$ e) $-2a + 6b$

13. a) $12z$ b) $-3x$ c) $7a$ d) $2y$

e) $6x - 2y - (2y + 8x)$ (eine Möglichkeit)

f) $-4xy$ g) 0 h) $-3x^2y^2z$

14. a) $2z$ b)* $-6x$ c)* $(2x - y)$ d)* $(2a - 3)$ e)* $2a$

15. a) $2x$ b) x^2 c) $x + y$ d) $\frac{x}{4}$ e) $5x$
f) $\frac{x}{2}$ g) nx h) $\frac{x}{n}$ i) x^n

16. a) $2x + 1$ $(x \in N)$ b) $x, x + 1, x + 2$ $(x \in N)$
c) $2x$ $(x \in N)$ d) $x + 1$ $(x \in N)$ e) $2x + 1; 2x + 3$ $(x \in N)$
f) $3x$ $(x \in N)$ g) $12x$ $(x \in N)$

Aufgabenmix 1

1. a) $8x - 2$ b) $7a - u$ c) $4xy + 2y$ d) 4 e) $-x - y$
2. Nicht möglich für c und e.
3. a) $2(x + y)$ b) $4(x + 3y + 1)$ c) $3(x + 3)$
d) $5u$ e) $20u$ f) $b(3a + 5)$
4. a) nein b) ja c) ja d) nein

Aufgabenmix 2

1. a) falsch $(ab + ac)$ c) falsch $(-3x)$ e) falsch $(2 + 2a)$
3. a : b wird bei a) verdoppelt, b) halbiert, c) verkleinert,
d) vergrößert.
4. a) $3x$ b) $3x + 1$ c) x^2 d) $x^2 + 1$ e)* $(-1)^{x+1} \cdot 2(x + 1)$

Aufgabenmix 3

1. a) $12xy$ b) $3x$ c) $12x^3$ d) x^2 e) $30x^2$
f) $17x^2$ g) $10x$ h) $7x$
2. a) $a + 2a$ b) $5(a - 3)$ c) $2a + 3b$ d) $a - b$
3. a) falsch: $4x + 4$ c) falsch: $8x$ d) falsch: -3
f) falsch: $-3x - 2$
4. a) $2(a + b) = 2a + 2b$ b) $-(a + b) = -a - b$
c) $2a - (2a + b) + 2b = b$ d) $x - (x + y) - y = -2y$

Aufgabenmix 4

1. a) $8a - 7b$ b) $3m + 9n - 11$ c) $o + p$

   d) $\frac{20a - 10b}{5x - 5y} = \frac{4a - 2b}{x - y}$

2. a) $1{,}1d$ b) $-0{,}9c$ c) $1{,}4r + r^2$ d) $3ar + br$

3.* a) $\frac{b - a}{a \cdot b}$ b) $\frac{x + y}{x \cdot y}$ c) $\frac{1 + x}{x^2}$ d) $\frac{4m + 1}{4m^2}$

1.6. Vorsicht - Rechenknecht! - Taschenrechner

1. a) 88,36308 b) 44,942 c) 49,342105 d) 4,988

   e) 51,9841 f) 74,2422 g) 200,7236 h) 42,896666

   i) 4,6666666

2. a) 0,2609782 b) 6,6081872 c) 17,58125

   d) 10,352941 e) 2,1481482 f) 0,9125

3. a) 17,102631 b) 13,171994 c) 33,13668

   d) 5,3 e) 0,1379962 f) 2,4083189

4. a) 0,7120653 b) 0,1 c) 208,97372

   d) 127,48107 e) 0,6061217 f) n. def.

5. a) 34,9 t b) 515,4 m² c) 280,2 l d) 143,3 kg e) 2,5 cm³

6. a)

x	0	1	2	3	4	5	6	7	8	9	10
$\sqrt{x}$	0	1	1,4	1,7	2	2,2	2,4	2,6	2,8	3	3,2

   b)

x	1	1,2	1,25	1,3	1,35	1,4	1,45
x^2	1	1,4	1,6	1,7	1,8	2,0	2,1

7. a) 7,3393901 b) 0,8527537 c) 55,943 d) 28,32

   e) 23 f) n. def. g) 92,56 h) 30,208 i) - 3,2872922

8. a) 40 b) 1 c) 8,97 d) 1 e) 0 f) 21 t

g) 4 h) 2 i) 0,3393425

9. Jürgens Rechner hat das Ergebnis für (2 + 3) • 4 angegeben.

10. Rechenablaufpläne wurden im Lösungsheft nicht aufgenommen, sie hängen vom Rechnertyp ab.

11. a) $\frac{a - b}{c}$ b) $a + \frac{b}{c}$ c) $a : b \cdot c$ d) $\frac{a}{b \cdot c}$

e) $a + (b \cdot c)$ 2 f) $a \cdot a^2$ g) $a + \sqrt{b}$ h) $a \cdot b$

i) $a^2 + |b|$ k) $\sqrt{a^2 + b^2}$

12. a) Nein, der Rechner löst (2 + 3) • 4. b) ja c) ja

d) ja e) Nein, der Rechner löst $\sqrt{a} + (b : c)$. f) ja

13. b) $4 \cdot 6 : 2 = 12$ c) $(4 + 3) \cdot 7 = 49$ d) $2 \cdot 3 \cdot 4 = 24$

e) $\frac{6}{2 \cdot 3} = 1$ f) $5 + 2 \cdot 3 = 11$ g) $\sqrt{4} + 9 \cdot \sqrt{9} = 29$

h) $\sqrt{16} : \sqrt{4} \cdot 7 = 14$

14. a) und b) Parallelogramm (eventuell Quadrat) c) Trapez

d) Dreieck e) Kreis f) Rechteck

15. a) Würfel b) Quader c) Zylinder d) quadratische Pyramide e) Kegel f) Kugel

16. Frank hat recht.

Aufgabenmix 1

1. a) 924,2688 b) 4,7306939 c) 6 d) 0,1683182

2. a) 5,685 b) - 4,146 c) $0,7666666 = 0,7\overline{6}$

3. a) $a + b^2 \cdot c$ b) $\frac{(a - b)}{c \cdot d}$ c) $a \cdot \sqrt{b}$ d)* $a + \frac{a \cdot b}{100}$

4. a) 1.4142136 (NW) b) 29218107 (NW)

c) 2654987 d) 645810000 (NW)

5. a) 4,19 kg b) 281,74 t

6. a) 179,1 kg b) 200 t

Aufgabenmix 2

1. a) 0,5580357 b) 6,304367 c) n.l.
d) 0,5372807 e) 0 f) 0,2088324

3. a) 25,9 % b) 34,1 % c) 151,1 %

4. a) $28{,}476\ m^2 \approx 28{,}5\ m^2$ b) $28{,}401725\ m^2 \leqq A \leqq 28{,}550325\ m^2$

5. Das Volumen steigt auf das Achtfache des ursprünglichen Volumens.

6. πr^2 | 19,6; 78,5; 176,7; 4,9

Aufgabenmix 3

1. a) 15,73939 b) 43,659 c) 0,57561
d) 0,6230769 e) 0,2227485 f) 11,725

2. a) ja b) ja c) nein $(a + \frac{1}{b} =)$

3. a) 1 b) 12 m c) 20 d) $\frac{3}{4}$ e) 0,04
f) 7,5 g) 0 h) 48

4. 7,2 cm; 8,4 cm; 11,1 cm
1,7 cm; 9,0 cm; 9,2 cm
10,5 cm; 3,7 cm; 11,1 cm

5. $(a + b)^2 \cdot c = 65{,}7475$ $\sqrt{a^2 + b^2} = 6{,}3976558$
$\frac{a + b}{a \cdot b} = 0{,}5427841$ $\frac{a}{b \cdot c} = 0{,}5115574$

Aufgabenmix 4

1.

x	0,31	0,95	1,5	2,5	3,2
x^3	0,029791	0,857375	3,375	15,625	32,768

2. Näherungswerte sind b), c), d), e), f).

3. - 0,83666; 0,02236; 27 600 000 000; 0,0000021845;
7.3214 -04; 1.3782 08; -7.5184 -02

4. Richtig sind a), b) und c).

5. n. def. (der Nenner ist Null)

2. Gleichungen und Ungleichungen

2.1. Gleich geht's los!- Grundbegriffe

1\. a)

k	0	1	2	3	4	5	6	7	8	9	10
T_1	6	8	10	12	14	16	18	20	22	24	26
T_2	2	5	8	11	14	17	20	23	26	29	32

b) $6 + 2k = 3k + 2$ $\quad L = \{4\}$

$k = 4$

c) $6 + 2k > 3k + 2$ $\quad L = \{0;\ 1;\ 2;\ 3\}$

$k < 4$

2\. a) r = 3 ist Lösung von (1), (2), (4), (5), (6).

b) r = 0 ist Lösung von (3).

c) $r = \frac{3}{2}$ ist Lösung von (2), (6).

3\.

	1	0	$\frac{2}{5}$	$\frac{5}{2}$	1,5
a)	w	f	f	f	f
b)	f	f	f	w	f
c)	f	f	f	f	w
d)	w	w	w	f	w

	1	0	$\frac{2}{5}$	$\frac{5}{2}$	1,5
e)	f	w	f	f	f
f)	w	w	w	w	w
g)	w	w	f	w	w
h)	f	f	f	f	f

4\.

	1	0	-2	$\frac{1}{3}$	$-\frac{3}{4}$
a)	f	f	w	f	w
b)	f	w	f	f	f
c)	w	w	f	w	f
d)	f	w	f	f	f

	1	0	-2	$\frac{1}{3}$	$-\frac{3}{4}$
e)	w	f	w	w	w
f)	w	w	w	w	w
g)*	w	w	w	w	w
h)*	f	f	f	f	f

5\. a) f b) f c) w d) f e) w f) w g) w h)* f

6\. a) $\frac{1}{2}$ b) 5 c) - d) - e) 0 f) 0 g) 1

8\. a) (1) $x = \frac{3}{2}$ (2) $x = 2;\ y = 0$ (3) $a = 0{,}25$

(4) $m = 8;\ n = 4$ (5) $e = 3;\ f = 2$ (6) $k = \frac{7}{4}$

(7) $p = 10$ (8) $m = 10;\ p = 1$

b) Einteilung in Gleichungen mit einer bzw. mit zwei Variablen

11. a) bezüglich N: (5) und (6); $y = 0$
(1) und (3); $y = 5$
(2) und (4); $y = 3$

b) bezüglich Q: (5) und (6); $y = 0$

12. a) $L = \{8\}$ b) $L = \{8; 9; 10\}$ c) $L = \{5\}$ d) $L = \{0; 1; \ldots; 10\}$
e)* $L = \{8; 10\}$ f)* $L = \emptyset$ g)* $L = \{4\}$ h)* $L = \{3\}$

13. a) $x = 7$ b) $x = 3$ c) $x = 5$ d) $x = 3$ e)* $x = 1$ f)* $L = \{1;5\}$

14. a) $L = \{-2;2\}$ b) $L = \{-8;8\}$ c) $L = \emptyset$ d) $L = \{-3;8\}$
e) $L = \{-1;3\}$ f) für alle $y \in Q$, $y < 0$ g) $L = \emptyset$ h)* $L = \{-1;1\}$

2.2. x mal oben, x mal unten - Gleichungstyp $a \cdot x = b$ bzw. $\frac{a}{x} = b \; (x \neq 0)$

1. a) $x = 8$ b) $y = \frac{5}{4}$ c) $z = 50$ d) $a = \frac{9}{2}$ e) $b = 7$
f) $c = 12$ g) $p = 0$ h) n.l. i) $k = 7$

2. a) $x = 14,7$ b) $x = \frac{15}{2}$ c) $u = 40$ d) $v = 4,95$ e) $x = 8,5$
f) $w = \frac{2}{3}$ g) $r = 10$ h) $m = 4,32$ i) $p = \frac{30}{36} = \frac{5}{6}$

3. a) $a = 1$ b) $x = \frac{21}{5} = 4,2$ c) $h = \frac{10}{3}$ d)* $z = 0$
e)* $l = 5$ f)* $m = 10$

4. a) $a = \frac{2}{5}$ b) $a = \frac{12}{5}$ c) $a = 1$

5. a) $b = 1,5$ b) $b = 7,5$ c) $b = \frac{9}{8}$

6. a)

a (in m)	10	25	20	80	8
b (in m)	40	16	20	5	50

b)

u (in m)	100	82	80	170	116

7. $h = 2,5$ cm

8. a) 6 b) 3 c) 5 d) 1,5 e) $\frac{2}{3}$ f) $\frac{3}{2}$ g) 0 h) $\frac{1}{9}$ i) 8,4

10. a) $b = \frac{a}{c}$ b) $a = \frac{A}{b}$ c) $a = \frac{u}{e}$ d) $\alpha = \frac{360^\circ}{n}$ e) $c = \frac{V}{a \cdot b}$ f) $s = v \cdot t$

11. a) $x = 4$ b) n.l. c) n.l. d) $r = 2$ e) $s = 0$ f)* $u = 2$

12. a) $x = \frac{1}{4}$ b) $y = \frac{5}{2}$ c) $z = 0{,}25$ d) $a = 4{,}5$ e) $b = 0{,}5$
f) $c = \frac{1}{12}$

13. a) $r = 27$ b) $v - \frac{1}{500}$ c) $s = \frac{8}{3}$ d) $t = \frac{1}{7}$ e)* $u = \frac{1}{6}$
f)* $r = \frac{3}{2} = 1{,}5$

14. a) $a = 1$ b) $x = 3$ c) $x = 9$ d) $u = \frac{1}{3}$ e) $y = \frac{1}{5}$
f)* $z = 6$ g)* $p = \frac{1}{3}$ h)* $q = \frac{1}{6}$ i)* $s = 1$

15. a) 2,5 b) 120 c) 42

16. a) 40 b) 500 c) $\frac{5}{2}$

17. a) 435 cm³ b) 128 cm³ c) 1 429 cm³ d) 52 cm³

19. a) $a = 2$ b) $b = 0{,}5$ c) $x = 2$ d) $b = 0{,}4$
e) $u = \frac{8}{9}$ f) $w = 1$ g) $c = 56$ h) $x = 2{,}5$ i) $y = \pm$ [illegible]

20. a) 4 : 1 b) 1 : 2 c) 8 : 5 d) 4 : 1 e) 4 : 1 f) 19 : [illegible]

21. a) 7 t je ha b) 0,07 l je km [besser: 7 l je 100 km]
c) 0,83 cm je 100 m [Maßstab] d) 1,7 g je cm³
e) 200 m je min

23. a) 5 : 6 ($\approx 0{,}83$) b) 6 : 7 ($\approx 0{,}86$)

24. a) $x = 24$ b) $x = \frac{5}{2}$ c) $y = 0{,}35$ d) $y = 2{,}8$
e) $u = 20{,}75$ f) $w = 96$

25. $p = \frac{q \cdot r}{s}$; $q = \frac{p \cdot s}{r}$; $r = \frac{p \cdot s}{q}$; $s = \frac{q \cdot r}{p}$

27.

e (in Meil.)	3	12,5	6,2	34,8	53,4	139,8
e (in km)	4,8	20,1	10	56,0	86	225

29. a) $1\ \frac{km}{h} = \frac{1\ 000\ m}{3\ 600\ s} = 0{,}2\overline{7}\ \frac{m}{s}$

b)

v (in km/h)	10	50	36	72	360	150
v (in m/s)	2,8	13,9	10	20	100	41,7

30. a) 5,5 kg b) 42,5 kg

31. a) 30° b) 72° c) 120°

32. a) $L = \{6; -6\}$ b) $x = 0{,}56$ c) $x = 0$ d) $x = 1{,}3$

e) $x = 16$ f) $x = 6{,}4$ g)* $x = 3$ h)* $L = \{-3; 3\}$

i)* $L = \{-3; 7\}$

33. a) 24 min b) 2,5 h = 150 min

34. a) 12,7 mm b) 71,1 cm c) 133,35 mm

35. a) 1 Zulauf: 36 · 3 Std. = 108 Std.; 2 Zuläufe: 54 Std.

b) 4 Zuläufe füllen das Becken in 54 Std. : 2 = 27 Std.

Aufgabenmix 1

1. a) $x = \frac{2}{33}$ b) $y = 6$ c) $z = 2{,}84$

3. $V = (2{,}5\ cm)^3 = 15{,}625\ cm^3$; $m = 2{,}8 \cdot 15{,}625\ g = 43{,}75\ g$;

$m \approx 44\ g$

Aufgabenmix 2

a) 6,39 l pro 100 km; 7,21 l pro 100 km; 7,36 l pro 100 km;

6,95 l pro 100 km

b) Man müßte eigentlich den gesamten Verbrauch und die insgesamt gefahrene Strecke als Grundlage nehmen:
1 402 km und 98 l führen auf 6,99 l pro 100 km.
Die Methode, mit den 4 Durchschnittswerten zu rechnen,

führt wegen der unterschiedlichen Lösungen zu einem ungenauen Ergebnis: 6,98 l pro 100 km.
Für diese Zwecke reicht diese Methode jedoch vollkommen.

c) 15,6 km; 13,9 km; 13,6 km; 14,4 km

Aufgabenmix 3

2. a) $y = 9{,}3$ b) $x = 20$ c) $a = \frac{32}{15}$ d) $L = \{-2; 2\}$ e) $k = 1$
f) $z = \frac{35}{9}$

3. a) 45° b) $142{,}5^\circ$

4.*

99 · 91
891
99
9009

Aufgabenmix 4

2. Die Gleichung $0 \cdot x = 0$ hat unendlich viele Lösungen, darunter auch $x = 7$.

3. 0,4 l Öl

Aufgabenmix 5

1. a) $y = 8{,}5$ b) $k = \frac{2}{3}$ c) $a = 9$ d) unbestimmt

2. 35 Seiten (34,3)

3. Das ist richtig. $x = 0$ ist in diesem Fall ausgeschlossen.

Aufgabenmix 6

1. a) $0{,}999\ m^2 \approx 1\ m^2$

b) DIN A 1: 84,1 cm × 59,5 cm
DIN A 2: 59,5 cm × 42,1 cm
DIN A 3: 42,1 cm × 29,8 cm
DIN A 4: 29,8 cm × 21,1 cm

2.3. Isoliere mich! - Gleichungstyp $ax + b = c$

1. a) $3x = 25$, $x = \frac{25}{3}$ b) $-42 = 7x$, $x = -6$ c) $13x = 36$, $x = \frac{36}{13}$ d) $-3 = a$, $a = -3$

2. a) $y = 18$ b) $z = -6$ c) $4 = -\frac{1}{2}(2a)$, $a = -4$ d) $16 = u^2$, $u = 16$

4. Gegeben: $2x + 3 = 4x + 1 \quad | -2x$

   1. Schritt: $3 = 2x + 1 \quad | -1$

   2. Schritt: $2 = 2x \quad | :2$

   3. Schritt: $1 = x$

8. a) $a = 33$ b) $y = 69$ c) $x = -69$ d) $b = 35$
   e) $u = 51$ f) $x = -13$

9. a) $r = 11$ b) $s = -4$ c) $t = 9$ d) $x = 9$
   e) $x = -4$ f) $b = -8$

10. a) $m = 0{,}8$ b) $n = -1{,}5$ c) $x = -1{,}1$ d) $x = 3{,}5$
    e) $p = -5$ f) $q = -3$

11. a) $x = 0{,}9$ b) $a = -\frac{1}{6}$ c) $h = 38$ d) $k = -\frac{1}{4}$
    e) $b = \frac{13}{2}$ f) $d = 4$

12. a) $x = 5$ b) $a = 4$ c) $k = 2$ d) $u = -3$
    e) $y = 9$ f) $z = 20$ g) $w = -12$ h) $v = 0$

13. a) $u = -1$ b) $m = 7$ c) $n = -3$ d) $x = -6$
    e) $d = 3$ f) $q = -\frac{44}{5}$ g) $r = -2$ h) $k = \frac{6}{7}$

14. a) $x = 5$ b) $y = 3$ c) $z = -\frac{18}{5}$ d) $u = \frac{52}{11}$

15. a) $x = -10$ b) $x = -\frac{1}{2}$ c) $p = 0{,}6$ d) $a = 3$
    e) $c_1 = 0$; $c_2 = -1$ f) $x = 4$ g) $x = 2$ h) $x_1 = 2$; $x_2 = -2$

16. $3u - 2 - u = \frac{1}{2} + 2u - 25$

$2u - 2 = 2u - 2$ (Identität; man kann jede Zahl des Variablengrundbereichs einsetzen, es resultiert stets eine wahre Aussage.)

17. $-v + 1{,}5 + 2v = 3 + v$

$v + 1{,}5 = v + 3$ (Keine Zahl für v kann eine wahre Aussage liefern.)

18. z.B. a) $3x + 2 = 3x + 2$; $-2x - 2 = -2x - 2$

b) $3x + 2 = 3x + 3$; $-2x - 2 = -2x$

19.* Es muß gelten: $a \neq c$.

20. a) $L = \emptyset$ b) $L = \{2\}$ c) $L = \emptyset$ d) $L = Q_+$ e) $L = \{-4; 4\}$

f) $L = \emptyset$ g)* $L = \{3\}$ h)* $L = \{-3; 3\}$

21. a) f., $x = -5$ b) r., $y = -\frac{1}{2}$ c) f., $z = 11$ d) f., $a = 0{,}1$

22. $4x - 6 = 42$; $x = 12$

23. $\frac{x}{8} + 9 = 17$; $x = 64$

24. $6x - 5{,}6 = 13$; $x = 3{,}1$

25. $3x + 4x = 7$; $x = 12$

26. $4x + 8 = 3x + 3$; $x = -5$

28. a) $60 + 4x = 120$; $x = 15$

b) $2x + 8 = 12{,}4$; $x = 2{,}2$

c) $6x = 48 + 18 + x$; $x = 13{,}$

30. 15 cm

31. Basis: 20 cm; jeder Schenkel: 40 cm

32. $2x + 2x + 2 + 2x + 4 = 252$ Man erhält: 82; 84; 86.

33. 400 g

34. 3 Stunden

35.* Der Radfahrer legt 6,25 km zurück.

Aufgabenmix 1

1. a) $y = 2{,}7$ b) $z = 90$ c) $a = 0$ d) $x = -0{,}4$

2. 20 Stücke (20,49; es bleiben 6 cm übrig.)

Aufgabenmix 2

1. a) $L = \{-4{,}5\}$ b) $L = \{-3{,}5;\ 2{,}5\}$ c) $L = \{-80\}$
   d) $L = \{-\frac{1}{4};\ 0\}$ e) $L = \{0;\ 2;\ 4;\ 6\}$

2. $a = \frac{1}{2}u - b$

3. 16 tschechische und 160 deutsche Bierdeckel

Aufgabenmix 3

1. a) $a = 36$ b) $x_1 = 2;\ x_2 = -2$ c) $x = -8$ d) n.l.

2. $a = -1{,}5$

3. a) $x^2 - 2x = x(x - 2)$; $x_1 = 0$ und $x_2 = 2$
   b) Man hat auf diese Weise durch 0 dividiert.

Aufgabenmix 4

1. a) $2\alpha + 6\alpha = 180^\circ$; $\alpha = 22{,}5^\circ$

2. a) $x = -0{,}4$ bzw. $x = -\frac{2}{5}$

3. $-47;\ -46;\ -45$

1. a) $x = 7$ b) $x = -4$ c) $x = 0$ d) $a = 6$ e) $b = -\frac{13}{2}$
f) $z = -3$

2. a) $x = -2$ b) $c = 26$ c) $h = -1$ d) $u = 1$ e) $v = 3$ f) $w = -4$

3. a) $m = -\frac{3}{5}$ b) $k = 2$ c) $p = -33$ d) $x = \frac{10}{47} \approx 0{,}213$
e) $y = -0{,}1$ f) $x = 5$

4. a) $x = 19{,}8$ b) $k = 9{,}99$ c) $x \approx -1{,}06$

5. a) $x = 3$ b) $x = -3$ c) $x = 4$ d) $x = -2$
e)* $x = \frac{3(a+5)}{a+10}$

6. a) $x = 24$ b) $x = -3{,}5$ c) $x = \frac{11}{18}$ d) $x = -\frac{5}{2}$
e) $x = -17$ f)* $x_1 = \sqrt{5}$; $x_2 = -\sqrt{5}$

7. a) $x = \frac{10p+1}{6}$ b) $x = \frac{5a+1}{12}$ c) $x = \frac{-2a+b+6}{3}$
d) $x = \frac{ac+3b}{2b}$

8. a) $x = 6$ b) $x = \frac{2}{7}$ c) $a = 0$ d) $u = -5$
e) $w = -2$ f) $v = 0$

9. a) $x = -2$ b) $x = -5$ c) $x = 1$ d) $x = 0{,}9$ e) $x = 3$

10. a) $x = 2$ b) $m = \frac{3}{2}$ c) $a = -2$ d) $k = -\frac{1}{8}$
e) $u = -\frac{1}{4}$ f) $x = -\frac{1}{3}$

11. a) $x = \frac{3}{2}$ b) $x = -3$ c) $x = 0$ d) $w = \frac{1}{2}$ e) $u = 2$ f)* $x = \pm\frac{3}{2}$

12. a) $L = \emptyset$ b) $L = \{\frac{1}{2}\}$ c) $L = \{0\}$ d) $L = Q$
e) $L = \{-4; 2\}$ f)* $L = \{-0{,}5; 2{,}5\}$

13. a) $b = 14$ richtig b) $x = -1$ falsch; richtig: $x = -\frac{7}{6}$

c)* $x = 1$ falsch; diese Gleichung ist nicht lösbar, denn auf der linken Scite ergibt sich eine positive Zahl, während rechts eine negative Zahl steht.

d) nur $y = 0$ ist richtig e) $g = 3$ richtig, aber es fehlt noch $g = -3$.

f) $z = 0{,}83$ ist ein Näherungswert; exakter ist die Angabe $z = \frac{5}{6}$.

14. a) $x = \frac{2}{a}(b + c)$; $a = \frac{2}{x}(b + c)$; $b = \frac{1}{2}(ax - 2c)$; $c = \frac{1}{2}(ax - 2b)$

b) $a = \frac{3}{x - y}$; $x = \frac{3 + ay}{a}$; $y = \frac{ax - 3}{a}$

c) $a = \frac{1 - \pi b}{\pi}$; $b = \frac{1 - \pi a}{\pi}$

d)* $x = \frac{yz}{y + z}$; $y = \frac{xz}{z - x}$; $z = \frac{xy}{y - x}$

15. a) $m = \frac{W}{c \cdot \Delta T}$; $\Delta T = \frac{W}{m \cdot c}$

b) $l_1 = \frac{F_1}{F_2} \cdot l_2$; $l_2 = \frac{F_2}{F_1} \cdot l_1$

c)* $R = \frac{R_1 \cdot R_2}{R_1 + R_2}$; $R_1 = \frac{R \cdot R_2}{R_2 - R}$

d) $A = \frac{\varrho \cdot l}{R}$; $l = \frac{A \cdot R}{\varrho}$

e)* $n_1 = \frac{m_1 n_2 M_2}{m_2 M_1}$; $M_2 = \frac{m_2 n_1 M_1}{m_1 n_2}$

f)* $U = \sqrt{P(R_1 + R_2)}$; $R_1 = \frac{U^2 - PR_2}{P}$

16. a) $p = -\frac{2}{3}$ b) $p = 7$ c) $p = 0{,}09$ d)* $p = \frac{1}{2}$

17.* a) $k = -\frac{5}{7}$ b) $k = -1$ (es ergibt sich ein Widerspruch)

c) n.l.

18. (1; 16), (3; 18), (10; 25)

23. Nenner wird bei a = 3 Null.

24. 32,5 cm

25. Höhe des Quaders: 12 cm

26. Als Summand anstelle von 7 muß $\frac{13}{12}$ gesetzt werden.

27. 28 Schüler

28. Der ursprünglich erdachte Bruch ist $\frac{6}{11}$.

29. Die Zahl heißt $\frac{7}{18}$.

30. - 10

31. a) 51 + 53 + 55 + 57 = 216

b) Die Zahlen lauten 5 und 7.

32. Klasse 8 a: 25 Schüler; Klasse 8 b: 27 Schüler;
Klasse 8 c: 24 Schüler

33. Eisen: $V_1 \approx 69\ cm^3$ [69.2607]; $m_1 \approx 547$ g [547.15953]
Kupfer: $V_2 \approx 139\ cm^3$ [138.5214]; $m_2 \approx 1\,233$ g [1232.8404]

34. $A_1 = 15\ cm^2$ $A_2 = 5\ cm^2$

35.*

k	9	10	12	16	24
Bruch	17	9	5	3	2

Weitere Werte von k sind nicht möglich.

36. Die Zahlen heißen 12 und 14.

37. Das vergrößerte Quadrat hat die Seitenlängen 13 cm.

38. Strömungsgeschwindigkeit: 50 $\frac{m}{min}$

39. Der schnellere Wagen hat den ersten Wagen nach 90 min eingeholt, wenn der langsamere bereits 100 min unterwegs ist.

40. 500 kg müssen verdampft werden.
[1 000 kg • 0,9 - x kg = (1 000 - x) kg • 0,8]

41. 300 g Wasser

Aufgabenmix 1

1. a) $x = 13$ b) $x = 14$ c) $x = 8$ d) $x = 75$ e) $x_1 = 7$; $x_2 = -7$ f) $x = 4$ g) $x = -5$ h) $x_1 = 0$; $x_2 = -2$ i) $x_1 = -1$; $x_2 = 5$ k) $x_1 = 7$; $x_2 = -3$
2. a) $z = 3$ b) $x = 1$ c) $x = -6$

Aufgabenmix 2

1. a) $t = 4$ richtig b) $x = -6$ falsch; richtig: $x = -\frac{20}{3}$ c) $x = 10$ falsch; richtig: $y = 8$ d) $a = -2$ falsch; richtig: $a = 2$
2. $a = \frac{b - c}{b + c}$; $b = \frac{ac + c}{1 - a}$; $c = \frac{b - ab}{1 + a}$
3.* Volumen der Scholle insgesamt: 21 460 m³ [21458.3]
   [Ansatz: $(2\,500 + x)\ m^3 \cdot 0{,}91\ t/m^3 = x\ m^3 \cdot 1{,}03\ t/m^3$]

Aufgabenmix 3

1. a) $x = -4$ b) $u = \frac{17}{6}$ c) $x = 13$ d) $x = \frac{17}{24}$
2. a) $x = 4$ b) $x = 2$ c) $x = -3$; $x = 4$
3.* a) $x = 117$ b) $x = 3$

Aufgabenmix 4

1. a) $b = \frac{A}{a}$ b) $h = \frac{2A}{g}$ c) $c = \frac{2A}{h} - a$ d)* $f_1 = \frac{ff_2}{f_2 - f}$ e) $h = \frac{A_O - 2\pi r^2}{2\pi r}$
2. a) $p = -1$ b) $p = 3$ c) $p = 7$ d) $p = 2x + 3$
3. $\frac{3}{7}$

Aufgabenmix 5

1. a) $l = \frac{R \cdot A}{\varrho}$ b) $A = \frac{\varrho \cdot l}{R}$

2.* a) Alle 3 Werte sind Lösungen der Gleichung.

b) $\frac{x - 1}{x^2 - 1} + \frac{x + 1}{x^2 - 1} = \frac{2x}{x^2 - 1}$ (Identität)

3. $r \approx 9{,}5$ cm [9.4591559]

4.* $\vartheta_m = 58\ ^\circ C$

3. Funktionen

3.1. Es funktioniert - Zuordnungen

1. Nur d) ist eine Funktion ("eindeutige" Zuordnung).
2. Wahr sind die Aussagen b), c), f).
3. a) und c)
4. a) ist eindeutig; c) ist eindeutig
5. a) Alle 4 Aussagen beschreiben eindeutige Zuordnungen.
   b) Nur (1) ist umkehrbar eindeutig.

7. a), c), d), e), f), g), k), l) und m) sind Graphen von Funktionen.

10. I - f; II - d; III - c; IV - b; V - e; VI - a

3.2. Gerade so - Lineare Funktionen

1. a) $y = x + 1$ b) $y = x^2$ c) $y = 2x$ d) $y = |x|$
   e) $y = 1$ f) keine Funktion g) $y = \frac{1}{x}$
   h) keine Funktion i) $y = 2\,|x|$

2. $y = 2x - 4$

   a) $f(1) = -2$; $f(2) = 0$; $f(3) = 2$; $f(4) = 4$; $f(5) = 6$
   b) $f(4) = 4$; $f(130) = 256$; $f(34) = 64$; $f(10) = 16$
   c) zur Funktion $y = 2x - 4$ gehören: (0; -4); (2; 0); (4; 4)

   $y = |x|$

   a) $f(1) = 1$; $f(2) = 2$; $f(3) = 3$; $f(4) = 4$; $f(5) = 5$
   b) $f(4) = f(-4) = 4$; $f(256) = f(-256) = 256$;
      $f(64) = f(-64) = 64$; $f(16) = f(-16) = 16$
   c) zur Funktion $y = |x|$ gehören: (0; 0); (4; 4)

   $y = \frac{1}{x^2}$

   a) $f(1) = 1$; $f(2) = 0{,}25$; $f(3) = 0{,}\overline{1}$; $f(4) = 0{,}0625$;
      $f(5) = 0{,}04$
   b) $f(\frac{1}{2}) = 4$; $f(\frac{1}{16}) = 256$; $f(\frac{1}{8}) = 64$; $f(\frac{1}{4}) = 16$
   c) zur Funktion $y = \frac{1}{x^2}$ gehört: $(-2; \frac{1}{4})$

$y = x^2$

a) f (1) = 1; f (2) = 4; f (3) = 9; f (4) = 16; f (5) = 25

b) f (-2) = 4; f (2) = 4; f (-16) = 256; f (16) = 256;
f (-8) = 64; f (8) = 64; f (-4) = 16; f (4) = 16

c) zur Funktion $y = x^2$ gehören: (0; 0); (-3; 9)

$y = 2^x$

a) f (1) = 2; f (2) = 4; f (3) = 8; f (4) = 16; f (5) = 32

b) f (2) = 4; f (8) = 256; f (6) = 64; f (4) = 16

c) zur Funktion $y = 2^x$ gehören: $(-2; \frac{1}{4})$; (1; 2)

$y = \sqrt{x}$

a) f (1) = 1; f (2) = 1,41...; f (3) = 1,73...; f (4) = 2;
f (5) = 2,23...

b) f (16) = 4; f (65 536) = 256; f (4 096) = 64; f (256) = 16

c) zur Funktion $y = \sqrt{x}$ gehören: (0; 0); (4; 2)

4. Lineare Funktionen: a), b), c), d), f), g), h)

6. a) $y = -x$ b) $y = 2x + 1$ c) $y = -x + 1$ d) $y = 0{,}25x + 0{,}5$
e) $y = \frac{1}{12}x + 1$ f) $y = -x$ g) keine lin. Funktion
h) keine lin. Funktion i) keine lin. Funktion
k) $y = x - 1$ l) keine lin. Funktion m) keine lin. Funktion
n) keine lin. Funktion o) $y = \frac{1}{3}x + 0{,}5$

7. a) III; I b) III; II; I c) II; IV d) II; III; IV e) II; I
f) II; I g) II; IV h) III; IV i) III; IV

8. g_1: $y = x$; g_2: $y = x + 2$ g_3: $y = \frac{2}{3}x - 2$ g_4: $y = -\frac{1}{3}x - 1$
g_5: $y = -2x$; g_6: $y = 1$

9. $y = x + 2$

10.* b) $y = -a \cdot x + 2$ $(a > 0)$

11. a) $y = x$ b) $y = -x$ c) $y = x - 1$ d) $y = \frac{3}{2}x$
e) $y = x - 2$ f) keine Funktion

12. a) $x = -\frac{1}{2}$ b) $x = 0{,}5$ c) $x = -1$ d) $x = 0{,}5$

13. a) $x = 0$
b) Es gibt keine nat. Zahl a, für die f (a) = 0 gilt.

c) $t = 2$ d) $x = 0$ e) $x = 1$ f) $t = 0$
g) $x = 8$ h) $x = 0$ k) $x_1 = 1$; $x_2 = -1$ m) $t_1 = 1$; $t_2 = -1$
i) und l) keine Nullstellen vorhanden

15. a) -1 b) 2 c) $-\frac{1}{2}$ d) nicht erklärt

16. a) 0 b) 2 c) -1 d) $\frac{1}{2}$

18.* a) $m > 0$ b) $m < 0$ c) $m = 0$ d) nicht möglich

20.* a) $n < 0$ b) $n > 0$ c) nicht möglich d) $n = 0$

21. Falsch sind die Aussagen a), denn es kann sich um Parallelen zur x-Achse handeln (konstante Funktionen) oder um Parallelen zur y-Achse (keine Funktionen), ferner c) (Parallelen zur x-Achse sind wohl Graphen von Funktionen) und g) (im Fall $a \leqq 0$ gibt es Nullstellen).

22. a) (-3; -3) b) (-2; -1) c) (0; -1) d) (0; 0) und (1; 1)
e) keine f) (-1; 1) und (1; 1)

23. a) z.B. (1; 2) : $y = 2x$; $y = x + 1$
(0; 2) : $y = x + 2$; $y = -x + 2$
(-1; 2): $y = -2x$; $y = x + 3$
(2; 0) : $y = x - 2$; $y = -x + 2$

b) z.B. $y = 2x + 1$; $y = 2x + 2$

24.* a) $m_1 \neq m_2$ (und weder $m_1 = 0$ noch $m_2 = 0$)
b) $m_1 = m_2$ (und weder $m_1 = 0$ noch $m_2 = 0$) und $n_2 = n_1$
c) $m_1 = m_2$ (und weder $m_1 = 0$ noch $m_2 = 0$) und $n_2 \neq n_1$

26. a)

r (in cm)	0,5	1,0	1,5	2,0	2,5	3,0
u (in cm)	3,14	6,28	9,42	12,57	15,71	18,85
A (in cm²)	0,79	3,14	7,07	12,57	19,63	28,27

b) ja c) ja

27. b) $f_1(0,5) = 2,5$; $f_2(0,5) = 0$; $f_3(0,5) = 0$
$f_1(-0,25) = 1$; $f_2(-0,5) = 1$; $f_3(1,5) = 1$
$f_1(-0,75) = 0$; $f_2(0,5) = 0$; $f_3(0,5) = 0$

28. b) $h = f(t) = 150 - 20 \cdot t$

c) 100 cm d) 7,5 Stunden

Aufgabenmix 1

1. a)

x	2	3	5	6
y	6	9	15	18

b)

x	0,5	1	2	2,5	4	6
y	1	2	4	5	8	12

c)

x	1	2	3	4	12
y	0,5	1	1,5	2	6

d)

x	1	2,5	3	5
y	2	5	6	10

2. $y = 2x$

3. a)

x	0	1	2	-3	5	-4	- 1
f(x)	$-\frac{1}{3}$	$-\frac{2}{3}$	- 1	$\frac{2}{3}$	- 2	1	0

b) $x = -1$

4. a) $x = 5$ b) $x = -1$ c) $x = 0$

5. $l = 1\,000$ mm bei 20°C; $l = 1\,001{,}2$ mm bei 120°C;

$l = 1\,000{,}6$ mm bei 70°C; $l = 1\,002{,}4$ mm bei 220°C;

$l = 1\,003{,}6$ mm bei 320°C

Aufgabenmix 2

1. $f(x) = 3x - 2$ a) $f(3) = 7$; $f(1) = 1$; $f(-2) = -8$;

$f(0) = -2$; $f(-1) = -5$

b) $f(-2) = -8$; $f(\frac{2}{3}) = 0$; $f(4) = 10$; $f(-1) = -5$

$f(x) = -2x + 1$ a) $f(3) = -5$; $f(1) = -1$; $f(-2) = 5$;

$f(0) = 1$; $f(-1) = 3$

b) $f(4{,}5) = -8$; $f(\frac{1}{2}) = 0$; $f(-4{,}5) = 10$;

$f(3) = -5$

$f(x) = 2x$ a) $f(3) = 6$; $f(1) = 2$; $f(-2) = -4$; $f(0) = 0$;

$f(-1) = -2$

b) $f(-4) = -8$; $f(0) = 0$; $f(5) = 10$;

$f(-2{,}5) = -5$

2. $y = x + 3$

3. (b) ist nicht Graph einer Funktion.

4. $W = f(j) = 23\,000 - 23\,000 \cdot 0{,}12 \cdot j \quad (j \in N;\ j > 0)$

nach 5 Jahren: 9 200,00 DM

Aufgabenmix 3

1. a) $x = -8$ b) $x = 2$ c) $x = 2$ d) $x = 0$ e) $x = 3$
   f) keine Nullstelle
2. a), b), d)
3. Z.B. folgende Funktionen leisten das Verlangte:
   $y = 2x + 3$; $y = 3x$; $y = -x + 1$.
4. a) $x = 3$ b) $x = -2$ c) keine Nullstelle d)* $x = 0$
   e) $x = \frac{1}{4}$ f) $x = 0$ g) $x = 1$ und $x = -1$
   h)* $x = 1$ und $x = -1$ i) $x = 0$

Aufgabenmix 4

2. $y = x$
3. P (2; 2); Q (0; 0); R (6; 0) $A = \frac{1}{2}(6 \cdot 2) = 6$
   Flächeninhalt von $\triangle$ PQR: 6 Flächeneinheiten
4. b) $P = 2{,}20 \cdot x_1 + 1{,}98 \cdot x_2$ $(0 < x_1 \leq 3;\ 3 < x_2)$
   c) P = 2,20 DM · 3 + 1,98 DM · 7 = 20,46 DM
   d) 10,56 - 6,60 = 3,96 3 kg + 2 kg = 5 kg
   3,96 : 1,98 = 2

Aufgabenmix 5

1. a) $f_1(x) = x$; $f_2(x) = -\frac{1}{2}x + 1$; $f_3(x) = -\frac{1}{2}x - 1$; $f_4(x) = 1$
   b) $f_1(0) = 0$; $f_2(2) = 0$; $f_3(-2) = 0$; f_4 ohne Nullstelle
2. $P_1(0; 0)$; $P_2(1; 1)$
3. a) $x = 0$ b) $x = 2$ c) $t = -4$ d) $s = -1$
   e) $x_1 = 1$; $x_2 = -1$ f) $x = 0$

Aufgabenmix 6

1. Wertebereich: 0; - 1; - 4; - 9 (negative Quadratzahlen einschließlich 0)
2. keine Nullstelle: $f_2(x)$, $f_4(x)$
   genau eine Nullstelle: $f_1(x)$
   mehr als eine Nullstelle: $f_3(x)$

4. Geometrische Figuren

4.1. Winkel, Strecken und viele Ecken - Kongruenz

(Es wurden keine Konstruktionen ins Lösungsheft übernommen.)

1. a) A (1;1), B (3;1), C (2;2) | A' (4;1), B' (6;1), C' (5;2)
   b) A (2;7), B (7;8), C (3;9) | A' (0;4), B' (5;5), C' (1;6)
   c) A (5;3), B (8;5), C (8;5) | A' (2;7), B' (5;7), C' (5;9)

2. a) A(3; 1), B(8; 1), C(6; 4)   A'(9; 1), B'(9; 6), C'(6;4)
   b) A(3; 4), B(4; 9), C(2;7), D(2;5)
   A'(9; 6), B'(8; 1), C'(10;3), D'(10; 5)

7. a) 4 b) 1 c) 3 d) unendlich e) 2 f) 1 g) 0
   h) 1 i) 4

8. eindeutige Abbildungen sind: b), c), e), f)
   umkehrbar eindeutige Abbildungen sind: c) und f)

13. $F_1 \cong F_2$; $F_1 \cong F_3$; $F_1 \cong F_5$

15. (1) $\beta = 330^\circ$, (2) $\alpha = 210^\circ$, (3) β ist überstumpf
    (4) $\beta = 270^\circ$, (5) $\alpha = 180^\circ$

17. wahr: d), e), f), g), h)
    falsch: a), b), c)

18. a) $\beta = 110^\circ$; $\gamma = 70^\circ$; $\delta = 110^\circ$; b) $\alpha = 95^\circ$; $\gamma = 95^\circ$; $\delta = 85^\circ$
    c) $\alpha = 20^\circ$; $\beta = 160^\circ$; $\delta = 160^\circ$; d) $\alpha = 90^\circ$; $\beta = 90^\circ$; $\gamma = 90^\circ$

19. Bild 4.1./13a: $\beta = \gamma_1 = \delta_1 = 135^\circ$; $\alpha = \gamma = \beta_1 = \alpha_1 = 45^\circ$
    Bild 4.1./13b: $\beta_1 = \alpha = \gamma = 62^\circ$; $\alpha_1 = \gamma_1 = \delta = \beta = 118^\circ$
    Bild 4.1./13c: $\delta_1 = \delta_2 = \delta_3 = \gamma_1 = \gamma_2 = \gamma_3 = \gamma_4 = 90^\circ$;
    $\beta_1 = \alpha_2 = \alpha_1 = 140^\circ$; $\beta_2 = \beta_3 = \alpha_3 = \alpha_4 = 40^\circ$

20. $\gamma = 40^\circ$; $\delta = 140^\circ$

21. a) w b) f c) w d) f e) w f) f

22. Bild 4.1./15a: $\gamma = 80^\circ$ Bild 4.1./15b: $\alpha = 90^\circ$; $\gamma = 60^\circ$
    Bild 4.1./15c: $\gamma = 60^\circ$; $\beta = 60^\circ$ Bild 4.1./15d: $\alpha = \beta = \gamma = 60^\circ$
    Bild 4.1./15e: $\alpha = 100^\circ$; $\beta = 60^\circ$; $\gamma = 20^\circ$

23. a) $\beta = 93^\circ$; $\alpha_1 = 150^\circ$; $\beta_1 = 87^\circ$; $\gamma_1 = 123^\circ$
b) $\gamma = 53^\circ$; $\alpha = 25^\circ$; $\beta_1 = 78^\circ$; $\gamma_1 = 127^\circ$
c) $\alpha = 134^\circ$; $\alpha_1 = 46^\circ$; $\beta_1 = \gamma_1 = 157^\circ$
d)* $\beta = 30^\circ$; $\gamma = 85^\circ$; $\alpha = 65^\circ$; $\alpha_1 = 115^\circ$

24. a) $\varepsilon = 17^\circ$; $\gamma = 146^\circ$ b) $\delta = \varepsilon = 70^\circ$ c) $\delta = \varepsilon = 4^\circ$
d) $\delta = 88^\circ$; $\gamma = 4^\circ$ e) $\delta = \varepsilon = 45^\circ$
f) $\varepsilon = 50{,}5^\circ$; $\gamma = 79^\circ$ g) $\delta = 92^\circ$ - kein Dreieck

25. a) spitzwinklig, unregelmäßig; $c < a < b$
b) rechtwinklig, gleichschenklig; $a = c < b$
c) stumpfwinklig, unregelmäßig; $b < c < a$
d) spitzwinklig, gleichseitig; $a = b = c$
e) rechtwinklig, unregelmäßig; $a < b < c$
f) spitzwinklig, gleichschenklig; $a = b < c$

26. Nein. Dem größeren Winkel im Dreieck liegt die größere Seite gegenüber.

29. a) $\triangle ABC \cong \triangle PQR$ (sss) b) $\triangle ABC \cong \triangle PQR$ (wsw)
c) keine Kongruenz d) keine Kongruenz

39. a) Trapez b) Parallelogramm c) Parallelogramm
d) Rechteck e) Quadrat f) Rechteck
g) gleichschenkliges Trapez

Aufgabenmix 1

1.

α	15°	135°	70°	90°	$180^\circ - \alpha$	3β
β	165°	45°	110°	90°	α	$180^\circ - 3$

2. $\alpha = 50^\circ$, $\beta = 90^\circ$, $\gamma = 60^\circ$, $\delta = 60^\circ$; $\varepsilon = 80^\circ$

3. Nicht durch Verschiebung entstanden: c), e)

Aufgabenmix 2

2. kongruent: a), c), d); keine Aussage möglich: b), e)

Aufgabenmix 3

1. Mit Bezug auf Bild 4.1./22:

$g \parallel h$ für $\alpha + \beta = 180^\circ$, d.h. für $\alpha = 90^\circ$, $\beta = 90^\circ$ und

für $\alpha = 83^\circ$, $\beta = 97^\circ$.

2. 9 Dreiecke und 10 Rechtecke

Aufgabenmix 4

1. $\alpha = 80^\circ$, $\beta = 80^\circ$, $\gamma = 80^\circ$, $\delta = 80^\circ$, $\varepsilon = 100^\circ$

2. a) a b) g c) z d) i

Aufgabenmix 5

1. falsche Aussagen: a), b), d), e)

3. a) 14,0 m c) 38,6 m

Aufgabenmix 6

1. A, B, C, D, E, H, I, K, M, O, T, U, V, W, X, Y

3. a) $\alpha = 61^\circ$; $\beta = 119^\circ$; $\delta = 119^\circ$; $\varepsilon_2 = 44^\circ$

$\alpha_2 = 43^\circ$; $\beta_1 = 26^\circ$; $\beta_2 = 93^\circ$; $\gamma_1 = 43^\circ$; $\gamma_2 = 18^\circ$;

$\delta_1 = 93^\circ$; $\delta_2 = 26^\circ$

4.2. Eine runde Sache - Kreis

4.* a) nein b) nein c) nein (alle Punkte)

d) nein (alle Punkte einer Ebene) e) nein

18. a) $\gamma = 95^\circ$; $\alpha = 125^\circ$; $\beta = 95^\circ$

b) $\alpha = 90^\circ$; $\beta = 30^\circ$; $\gamma = 100^\circ$

20. a) $\alpha = 50^\circ$; $\beta = 50^\circ$; $\gamma = 130^\circ$ b) $\alpha = 70^\circ$; $\beta = 110^\circ$

23. a)

ε	10°	20°	30°	40°	75°
ω	20°	40°	60°	80°	150°
φ	10°	20°	30°	40°	75°

24. a) $\gamma = 40°$; $\beta = 50°$; $\alpha = 40°$ b) $\alpha = 70°$; $\beta = 35°$

c) $\alpha = 40°$; $\delta = 60°$; $\beta = 80°$

25. a)

	α	β	γ_1	γ_2	φ_1	φ_2
(1)	70°	20°	70°	20°	40°	140°
(2)	15°	75°	15°	75°	150°	30°
(3)	55°	35°	55°	35°	70°	110°
(4)	45°	45°	45°	45°	90°	90°

Zeile (5) nicht lösbar, da $\gamma_2 < 90°$ Bedingung

Aufgabenmix 2

1. a) 60° b) 120° c) 90°
3. a), e) wahr; b), c), d) falsch

Aufgabenmix 3

1. $\alpha = 90°$; $\varepsilon = 70°$; $\gamma = 30°$; $\beta = \delta = 60°$
3. a) 90° b)* 30°

4.3. "Verwandte" Figuren - Ähnlichkeit

5. a) Zimmer: 8,6 cm × 11,2 cm
Vorraum: 2,4 cm × 7 cm
Tür: 4,1 cm × 1,8 cm
Fenster: 2,6 cm × 3,6 cm

b) 60 cm; 30 cm; 1,55 m; 2,75 m; 10,50 m

6. a) 15 000 cm = 150 m

b) 600 m; 525 m; 825 m; 945 m; 180 m; 1,8 km

c) 7 cm

10. a) 2 : 3 b) 1 : 2 c) 3 : 4 d) 4 : 1 e) 1 : 1
f) 4 : 1 g) 1 : 2 h) 1 : 1

11.*

	a)	b)	c)	d)	e)	f)	g)	h)
k	$\frac{1}{2}$	$\frac{2}{7}$	$\frac{2}{3}$	$\frac{1}{3}$	$\frac{2}{9}$	$\frac{2}{5}$	$\frac{m}{n}$	$\frac{p}{p+q}$
$\overline{XT} : \overline{TY}$	1 : 1	2 : 5	2 : 1	1 : 2	2 : 7	2 : 3	m:(n-m)	p : q

12.

	$\overline{AP} : \overline{PB}$	$\overline{AP} : \overline{AB}$	$\overline{PB} : \overline{AB}$
a)	4 : 3	4 : 7	3 : 7
b)	1 : 5	1 : 6	5 : 6
c)	1 : 1	1 : 2	1 : 2
d)	2 : 1	2 : 3	1 : 3

13.* $\overline{AT} : \overline{AB} = m : (m + n)$; $\overline{TB} : \overline{AB} = n : (m + n)$

14. a) A'(2; 2); B'(2; 4); C'(2; 6); D'(8; 2); E'(4;-2)

b) A'(0; 0); B'(0; 2); C' (0; 4); D'(6; 0); E'(2;-4)

c) A'(0,5; 0,5); B'(0,5; 1); C'(0,5; 1,5); D'(2; 0,5); E'(1;-0,5

d) A'(1,5; 1,5); B'(1,5; 2); C'(1,5; 2,5); D'(3; 1,5); E'(2; 0,5

15.

	a)	b)	c)	d)	e)	f)*	g)*
$\overline{ZA}$	2 cm	3,6 cm	0,5 dm	1,6 cm	6 dm	4 cm	0,8 dm
$\overline{ZA'}$	5 cm	9 cm	1,25 dm	4,0 cm	15 dm	10 cm	2 dm
$\overline{AA'}$	3 cm	5,4 cm	0,75 dm	2,4 cm	9 dm	6 cm	1,2 dm

20. a) nein b) ja c) nein d) ja e) ja f) ja g) nein

21. a) $\overline{AE}$ = 6 cm b) $\overline{AC}$ = 7,5 c) $\overline{AD}$ = 11 mm d) $\overline{AB}$ = 2 m
e) $\overline{AC}$ = 1,8 m [f) und g)* nicht lösbar]

23. (1) e = 1,5 cm; f = 2 cm (2) b = $\frac{2}{3}$ m; d = 7,5 m

(3) a = 2,05 m; b = 1,05 m (4) d = 36 mm; c = 4 mm

(5) a = 1 cm; f = 2,1 cm

24. a) nein b) ja c) ja d) ja e) ja f) ja

25. a) $\overline{BC} = 1$ cm; $\overline{AD} = 1,5$ cm; $\overline{DE} = 0,5$ cm; $\overline{CE} = \frac{4}{3}$ cm

b) $\overline{AC} = 8$ cm; $\overline{AD} = 15$ cm; $\overline{AE} = 24$ cm; $\overline{BD} = 1,25$ cm

c) $\overline{AB} = 75$ mm; $\overline{AC} = 100$ mm; $\overline{DE} = 15$ mm; $\overline{CE} = 24$ mm

d) $\overline{AC} = 3,75$ m; $\overline{BC} = 2,25$ m; $\overline{AE} = 1,25$ m; $\overline{CE} = 4$m

e) $\overline{AC} = 8$ cm; $\overline{AE} = 10$ cm; $\overline{DE} = 7,5$ cm

f)* Nicht lösbar, da $\overline{AD} = \overline{AE} - \overline{DE} = 0,4$ dm und weiter $\overline{AD} + \overline{DB} = \overline{AB}$. Die Dreiecksungleichung ist demnach im $\triangle$ ABD nicht erfüllt.

26. $\overline{M_1M_2}$ verläuft parallel zu $\overline{AB}$, denn es gilt $\overline{CA} : \overline{CM_1} = \overline{CB} : \overline{CM_2}$.

Die Länge der Strecke $\overline{M_1M_2}$ berechnet sich zu

$$\overline{M_1M_2} = \frac{\overline{AB} \cdot \overline{CM_1}}{\overline{CA}} = \frac{\overline{AB}}{2}.$$

28. b) 37,60 m

29. $\overline{AH} = 120$ m

30. $\overline{PD} \approx 0,87$ m

32. 37,50 m

31. b) $x_1 = 1,71$ cm; $x_2 = 1,05$ cm; $x_3 = 2,58$ cm; $x_4 = 1,44$ cm

34. a) nein b) ja c) ja d) nein e) nein

39. a) $R_1 \sim R_2$ $(k = 2)$

b) R_1: $u = 5$ cm; $A = 1$ cm²
R_2: $u = 10$ cm; $A = 4$ cm²
R_3: $u = 13$ cm; $A = 7,5$ cm²

c) $u_{R_1} : u_{R_2} = 5 : 10$ $(= 1 : 2)$

$A_{R_1} : A_{R_2} = 1 : 4$ $(= 1 : 4)$

46. a² + b² = c² gilt nur, wenn mit c die Länge der Hypotenuse bezeichnet wird. Petras Aussage ist richtig, Klaus hat nicht recht.

51.

	a)	b)	c)	d)	e)	f)	g)	h)
x	1,2 cm	2,3 cm	3,4 cm	7,8 cm	17,8 cm	0,85 dm	1,0 cm	31 mm
y	4,3 cm	3,5 cm	7,0 cm	5,2 cm	11,2 cm	0,90 dm	5,0 cm	35 mm
z	4,5 cm	4,2 cm	7,8 cm	9,4 cm	21,0 cm	1,24 dm	5,1 cm	47 mm

52. a) $h_1 = 3{,}0$ cm; $h_2 = 6{,}2$ cm; $h_3 = 3{,}7$ cm
b)* $h = \frac{1}{2} a \sqrt{3}$

53.

	x	y	z	p	q	h
a)	3,7 cm	5,2 cm	6,4 cm	2,1 cm	4,3 cm	3 cm
b)	4,0 cm	3,5 cm	5,3 cm	3,0 cm	2,3 cm	2,6 cm
c)	7,9 cm	5,5 cm	9,6 cm	6,5 cm	3,1 cm	4,5 cm
d)	3,0 cm	4,0 cm	5,0 cm	1,8 cm	3,2 cm	2,4 cm
e)	2,3 cm	2,8 cm	3,6 cm	1,4 cm	2,2 cm	1,7 cm

54. a) $x = \sqrt{a^2 + a^2} = 5{,}66$ cm

b) nein

c) $(2\,r)^2 = x^2 + y^2$

$x^2 = 4\,r^2 - y^2$

$x = 4{,}27$ cm

d) $x^2 + (2{,}1\text{cm})^2 = a^2$

Bei Unkenntnis von a kann x nicht berechnet werden.

e) $(17\text{ cm})^2 - (6\text{ cm} + 9\text{ cm})^2 = x^2 - (6\text{ cm})^2$

$x = \sqrt{289\text{ cm}^2 + 36\text{ cm}^2 - 225\text{ cm}^2}$

$x = 10$ cm

55. $b = d = 3{,}1$ cm

56. a) $d = a\sqrt{2}$ $(d = 1{,}4$ cm$)$

b) $a = 2{,}8$ cm

57. $r_i = 5{,}2$ cm

58.* $e = a \cdot \sqrt{3} = 1{,}73$ cm

59. $h = 8{,}7$ cm

60. rechtwinklige Dreiecke: a) $\sphericalangle$ ACB $= 90^\circ$

b) $\sphericalangle$ ABC $= 90^\circ$

d) $\sphericalangle$ ABC $= 90^\circ$

g) $\sphericalangle$ ACB $= 90^\circ$

Aufgabenmix 1

1. $\overline{BC} \approx 1{,}6$ m; $\overline{BD} \approx 4{,}2$ m; $\overline{BE} \approx 2{,}7$ m; $\overline{DC} = 3{,}9$ m

2. $A_{\triangle ACD} = 10{,}14$ m²; $A_{\triangle ABD} = 4{,}86$ m²

3. $k \approx 0{,}69$

Aufgabenmix 2

2. a) $\triangle ADC \sim \triangle DBC$ gilt nicht.

   b) Beide Dreiecke haben den gleichen Flächeninhalt; die Dreiecke ADC und DBC haben beide dieselbe Höhe bezüglich $\overline{AD}$ bzw. $\overline{DB}$, und es gilt $\overline{AD} = \overline{DB}$.

4. $a = b \approx 5{,}8$ cm

Aufgabenmix 3

1. wahr: a), c), d)
   falsch: b), e)

3. b) $p = 3{,}2$ cm; $b = 3$ cm; $a = 4$ cm; $u = 12$ cm; $A = 6$ cm²

4.* Als Flächeninhalt der schraffierten Fläche erhält man:

$$\frac{1}{2} \cdot \frac{\overline{AB}^2}{4} \cdot \pi - \frac{1}{2} \cdot \frac{\overline{AD}^2}{4} \cdot \pi - \frac{1}{2} \cdot \frac{\overline{DB}^2}{4} \cdot \pi = \frac{\pi}{8} (\overline{AB}^2 - \overline{AD}^2 - \overline{DB}^2).$$

Für $\overline{AB}^2$ erhält man wegen $\overline{AB} = \overline{AD} + \overline{DB}$

$$\overline{AD}^2 + 2 \cdot \overline{AD} \cdot \overline{DB} + \overline{DB}^2 .$$

Es folgt für den Flächeninhalt:

$$\frac{\pi}{8} (\overline{AD}^2 + 2 \cdot \overline{AD} \cdot \overline{DB} + \overline{DB}^2 - \overline{AD}^2 - \overline{DB}^2) = \frac{\pi}{8} (2 \cdot \overline{AD} \cdot \overline{DB}) = \frac{\pi}{4} (\overline{AD} \cdot \overline{DB}).$$

Wegen $\overline{AD} \cdot \overline{DB} = \overline{DC}^2$ (Höhensatz bezüglich des Dreiecks ABC) ergibt sich für den Flächeninhalt der schraffierten Fläche

$$\frac{\pi}{4} \overline{AD} \cdot \overline{BB} = \frac{\pi}{4} \overline{DC}^2,$$

also der Flächeninhalt des Kreises mit dem Durchmesser $\overline{DC}$.

Aufgabenmix 4

2. 12 cm

Aufgabenmix 5

1. b) $\overline{B_1P} = 7{,}416\ cm \approx 7{,}4\ cm$ 2. $\overline{AB} \approx 6{,}3\ cm$

3. $a = 2{,}3094\ cm \approx 2{,}3\ cm$

4.4. Körper in der Ebene - Darstellende Geometrie

14. a), b), c), e)

15. a) dreiseitiges Prisma b) dreiseitiges Prisma
c) Zylinder d) dreiseitige Pyramide

16. c)* $A = 2 \cdot 16{,}2\ m^2 + 14{,}4\ m^2 + 11{,}52\ m^2 + 7{,}2\ m^2 + 7{,}75\ m^2 = 73{,}27\ m^2$

$A = 73{,}3\ m^2$

22.* a) g_1 und g_2 sind windschief. b) g_1 und g_2 sind parallel zueinander; sie liegen in einer Ebene, die senkrecht zur Aufrißfläche liegt.

c) g_1 und g_2 schneiden einander; sie liegen in einer Ebene, die senkrecht zur Grundrißebene liegt.

4.5. Länge mal Breite?- Berechnungen an ebenen Figuren

2. a), c), d), f) haben keinen Flächeninhalt.

3. a) $u = 90\ cm$; $A = 450\ cm^2$ b) $b = 15\ m$; $A = 150\ m^2$
c) $a = 2\ cm$; $u = 5\ cm$ d) $u = 16\ cm$; $A = 16\ cm^2$

4. $A = 18{,}72\ m^2$; 117 Platten

5. $A = 496\ m^2$; 5 803,20 DM

6. unbestimmt

7. a) $625\ cm^2$ b) $0{,}25\ m^2$ c) $1\ m^2$

9. 5,3 m² je Rolle; 8 Rollen (ohne Berücksichtigung des Verschnitts)

10. 180 Fliesen 11. 51,2 cm

12. a) $1\,116\ mm^2$ b) $116\ dm^2$ c) $275\ cm^2$

13. a) $A = 21{,}25\ cm^2$ b) $A = 21{,}7\ cm^2$ c) $A = 276\ cm^2$

15. a) $A = 10\ cm^2$ b) $A = 0,45\ m^2$ c) $A = 72\ dm^2$ d) $h_g = 5\ cm$
e) $g = 10\ cm$ f) $g = 80\ m$ g) $h_g = 608\ m$ h) $h_g = 14\ km$

16. a) $A = 7,5\ cm^2$ b) $A = 6,875\ cm^2$ c) $A = 4,5\ cm^2$
d) $A = 1,75\ cm^2$

18. a) $h_{AB} = 3,25\ cm$

19. a) $h = 2\ cm$ b) $c = 4,5\ cm$

20. a) $r = 9\ cm$; $u = 56,5\ cm$ b) $d = 4,0\ m$; $u = 12,6\ m$
c) $r = 10\ mm$; $u = 62,8\ mm$ d) $r = 1,8\ cm$; $u = 11,3\ cm$
e) $d = 5,7\ m$; $r = 2,8\ m$ f) $d = 6,2\ dm$; $u = 19,5\ dm$
g) $d = 1,8\ dm$; $r = 0,9\ dm$

21. $r = 0,37\ m$

22. $r = 30,5\ cm$

23. a) $d = 14\ cm$; $A = 153,94\ cm^2$ b) $r = 4\ dm$; $A = 50,27\ dm^2$
c) $r = 3,6\ m$; $A = 40,72\ m^2$ d) $r = 10,56\ dm$; $d = 21,11\ dm$
e) $r = 1,78\ km$; $d = 3,57\ km$ f) $d = 17\ mm$; $A = 226,98\ mm^2$
g) $r = 79,79\ m$; $d = 159,58\ m$

24. $A = 7,26\ m^2$; $u = 11,05\ m$

25. $A = 2,01\ cm^2$; $u = 5,71\ cm$

26. $A = 5,97\ cm^2$; $u = 10,86\ cm$

27. a) $A = 167,42\ dm^2 - 81,71\ dm^2 \approx 85,7\ dm^2$
b) $A = 11\,309,7\ mm^2 - 2\,827,4\ mm^2 \approx 8\,480\ mm^2$
c) $A = 18,096\ m^2 - 2,011\ m^2 - 8 \quad 0,196\ m^2 \approx 14,5\ m^2$

28. $r = 2\ cm$

29. a) $u_1 : u_2 : u_3 = 1 : 2 : 4$ b) $A_1 : A_2 : A_3 = 1 : 4 : 16$

30.* $r_1^2 \cdot \pi - r_2^2 \cdot \pi = \pi (r_1^2 - r_2^2)$

31. $d = 7,80\ m$; $A = 47,77\ m^2$

32. a) $u = 70,37\ m$; $A = 394,08\ m^2$ b) $r = 0,46\ km$; $A = 0,67\ km^2$
c) $r = 3,50\ cm$; $u = 22,0\ cm$ d) $r = 5,17\ dm$; $u = 32,49\ dm$

33. $r = 56,4\ mm$; $u = 354\ mm$

34\. Unter der Annahme, daß die Stundenzeiger von Uhren nicht die Ziffern überdecken sollen, ist auch im vorliegenden Fall der Stundenzeiger so befestigt, daß vom Radius 306 cm die Höhe der Ziffer 12, also 72 cm, zu subtrahieren ist:

306 cm - 72 cm = 234 cm.

Somit ragt vom Stundenzeiger ein 63 cm großes Stück über den Befestigungspunkt hinaus.

- Die Spitze des Stundenzeigers legt in diesem Fall in einer Stunde den Weg von

  $$2 \cdot 234 \text{ cm} \cdot \pi \cdot \frac{1}{12} = 122{,}5 \text{ cm}$$

  zurück.

- Wenn man diese Befestigungsart annimmt, würde wohl auch der Minutenzeiger nicht den Rand des Zifferblattes überragen, so daß für ihn als Radius für die Kreisbewegung die Strecke 306 cm in Frage käme. Der Weg der Spitze errechnet sich dann folgendermaßen:

  $$2 \cdot 306 \text{ cm} \cdot \pi = 1\,922{,}6 \text{ cm} = 19{,}2 \text{ m}.$$

Der Flächeninhalt des Zifferblattes beträgt 29,4 m².

35\. 2 827 m²

36.* $u = 3{,}77$ m $v = 80 \text{ km} \cdot h^{-1} = 1\,333 \text{ m} \cdot \text{min}^{-1}$

Das ergibt 353,7 Umdrehungen pro Minute.

37.* $x^2 - \frac{1}{4} x^2 = 11^2 \text{ mm}^2$; $x = 12{,}7$ mm

$e = 25{,}4$ mm

38\. $h = \overline{DC} = 8$ cm; $x = \sqrt{6^2 + 8^2}$ cm $= 10$ cm

$A = 36 \text{ cm}^2$; $u = 36$ cm

39\. a) 6,3 km   b) 6,25 km

40\. a) h = 16,0 cm;   p = 17,0 cm;   a = 23,4 cm

b) a = 13,4 cm;   b = 39,8 cm;   c = 40,0 cm

41\. a) s = 5,7 dm   b) h = 7,1 dm   c) r = 6 dm

Aufgabenmix 1

1. $C = G = K$; $B = E = I$; $D = H$
2. $a = b = 4$ cm

Aufgabenmix 2

1. a) c b) h_a c) b d) a und b

Aufgabenmix 3

1. $c = 5{,}2$ cm; $\alpha = 44{,}9^\circ$; $\beta = 55{,}1^\circ$; $h_c = 3{,}0$ cm; $s_a = 4{,}4$ cm
2. $u = 13{,}2$ cm; $A = 7{,}83$ cm²
3. Der Umfang vergrößert sich um 0,47 cm, der Flächeninhalt um 0,125 cm².

Aufgabenmix 4

2. $r_u = 2{,}3$ cm; $A_u = 16{,}76$ cm²; $u_u = 14{,}51$ cm
   $r_i = 1{,}15$ cm; $A_i = 4{,}19$ cm²; $u_i = 7{,}26$ cm
   $A_\triangle = 6{,}9$ cm²; $u_\triangle = 12{,}0$ cm
3. Der Umkreis hat gegenüber dem Inkreis einen um 300 % größeren Flächeninhalt.

Aufgabenmix 5

1. a) $A = 5\,650$ cm² b) $A = 5\,500$ cm²
2. a) 17,64 m² b) 428,65 DM c) 107,16 DM
3. a) 320 Stück b) 200 Stück

Aufgabenmix 6

1. a) $A = 7{,}14$ cm²; $u = 10{,}28$ cm
   b)* $A = a^2 + \frac{a^2}{4}\pi$; $u = 2a + a\pi$
2. $d = 7{,}98$ m
3. $A = \frac{\pi}{9}(r_1^2 - r_2^2) = \frac{\pi}{9}(20^2 - 12^2)$ cm² $\approx 89{,}4$ cm²;
   $u \approx 38{,}3$ cm

4.6. Fläche mal Höhe? - Berechnungen an Körpern

1. a) $V = 400\ cm^3$; $A_O = 340\ cm^2$ b) $V = 176{,}8\ dm^3$; $A_O = 198\ dm$
   c) $V = 120\ dm^3$; $A_O = 188\ dm^2$ d) $V = 100\ 000\ 000\ mm^3 = 100\ dm^3$
   $A_O = 150\ dm^2$
   e) $V = 2\ 610\ cm^3$; $A_O = 1\ 222{,}6\ cm^2$
   f) $V = 216\ cm^3$; $A_O = 216\ cm^2$
2. a) $A_O = 216\ cm^2$; $V = 216\ cm^3$ b) $A_O = 96\ cm^2$; $V = 64\ cm^3$
   c) $A_O = 150\ cm^2$; $V = 125\ cm^3$ d) $A_O = 1{,}5\ m^2$; $V = 0{,}125\ m^3$
3. $125\ cm^3$ bzw. $343\ dm^3$ bzw. $0{,}027\ m^3 = 27\ dm^3$
4. a) $V = 12\ dm^3$; $A_O = 38\ dm^2$ b) 12 d) 24 Bücher
5. $V = 1\ 664\ cm^3$; $A_O = 768\ cm^2 + 8 \cdot 12\ cm^2 = 864\ cm^2$
6. a) $V = 504\ cm^3$; $A_O = 382\ cm^2$ b) $V = 64\ cm^3$; $A_O = 96\ cm^2$
   c) $b = 15\ mm$; $A_O = 51{,}50\ cm^2$ d) $a = 10\ dm$; $A_O = 149{,}44\ dm^2$
   e) $h = 2\ cm$; $V = 80\ cm^3$ f) $b = 2\ cm$; $A_O = 24\ cm^2$
7. $53{,}2\ cm^3$
9. $V = 787{,}5\ dm^3 \cdot 4 = 3\ 150\ dm^3 = 3{,}15\ m^3$; 708,75 DM
10. a) $a = 5\ m$ b) $1{,}90\ m \times 5{,}40\ m$
11. Ja, ein Würfel mit der Kantenlänge 6 cm.
    $V = 216\ cm^3$; $A_O = 216\ cm^2$
12. $1{,}8\ m^3$ und 23 Schubkarrenladungen (22,5)
13. a) $167{,}2\ m^3$; 55 Schüler [55.73] b) 215,7 kg c) 26,125 l
14. b) $V = 108{,}25\ cm^3 \approx 108\ cm^3$; $A_O = 171{,}65\ cm^2 \approx 172\ cm^2$
15. a) $31{,}92\ dm^2 \cdot 34{,}0\ dm = 1\ 085{,}28\ dm^3 \approx 1{,}09\ m^3$
    b) $16{,}5\ cm^2 \cdot 12\ cm = 198\ cm^3$
    c) $3\ 400\ cm^2 \cdot l\ cm = 1\ 000\ 000\ cm^3$; $l = 294{,}1\ cm$
    d) $a = 2\ cm$
    e)* $c = d = 3{,}16\ cm$
16. a) Seitenflächen: $2 \cdot 2{,}073\ m^2$; Vorder- und Rückwand:
    $2 \cdot 0{,}44\ m^2$; insgesamt: $4{,}954\ m^2 \approx 5\ m^2$
    b) $0{,}924\ m^3$

17. (1) $V = 20\ cm^3$; $A_O = 48\ cm^2$ (2) $V = 50\ cm^3$; $A_O = 90\ cm^2$
(3) $V = 30\ cm^3$; $A_O = 72\ cm^2$ (4) $V = 45\ cm^2$; $A_O = 88\ cm^2$
(5) $V = 116{,}9\ cm^3$, $A_O = 136{,}8\ cm^2$

18. $333{,}79\ cm^2 \cdot 100\ cm \cdot 2{,}8\ g \cdot cm^{-3} = 93{,}5\ kg$

19. $11{,}8\ m^2$ 20. 683 ml

21. a) $A_G = 55{,}4\ cm^2$; $A_M = 263{,}9\ cm^2$; $V = 554{,}2\ cm^3$
b) $A_G = 78{,}5\ cm^2$; $A_M = 131{,}9\ cm^2$; $V = 329{,}9\ cm^3$
c) $r = 2{,}5\ cm$; $A_M = 93{,}5\ cm^2$; $V = 118\ cm^3$
d) $h = 3{,}2\ cm$; $A_G = 78{,}5\ cm^2$; $V = 251\ cm^3$
e) $h = 12{,}7\ cm$; $A_G = 78{,}5\ cm^2$; $A_M = 399\ cm^2$
f) $r = 4\ cm$; $A_G = 50\ cm^2$; $A_M = 376\ cm^2$
g) $r = 3\ cm$; $h = 7{,}5\ cm$; $A_M = 145{,}6\ cm^2$
h)* $r = 2\ cm$; $h = 39{,}8\ cm$; $A_G = 12{,}57\ cm^2$

22. a) $565{,}5\ m^3$ Erde b) 2 474 hl 23. $6{,}08\ m^2$

24. $r = 9{,}07\ cm$; $A_G = 258{,}54\ cm^2$; $h = 19{,}3\ cm$

25. a) $3\,720\ cm^3$ b) $2\,929\ cm^3$

26. 1. Möglichkeit: $r = 3{,}18\ cm$; $V = 940{,}36\ cm^3$
2. Möglichkeit: $r = 4{,}55\ cm$; $V = 1\,365{,}82\ cm^3$

27. a) $178\,875\ m^3$ b) 5,235 ha 28. 603 ml

29. a) $V = 91{,}7\ cm^3$; $h_a = 11{,}3\ cm$
b) $V = 63{,}9\ dm^3$; $h_a = 5{,}1\ dm$
c) $h_P = 30{,}4\ cm$; $h_a = 30{,}7\ cm$
d) $a = 20\ cm$; $h_a = 12{,}5\ cm$
e) $a = 8{,}5\ cm$; $V = 204\ cm^3$
f) $h_P = 5{,}5\ cm$; $V = 42{,}2\ cm^3$

30. a) $A_O = 137{,}8\ cm^2$ b) $A_O = 130{,}1\ dm^2$ c) $A_O = 602{,}4\ cm^2$
d) $A_O = 900\ cm^2$ e) $A_O = 233\ cm^2$ f) $A_O = 80{,}6\ cm^2$

31. b) $A_O = 73\ cm^2$

32. b) $A_G = 6{,}93\ cm^2$; $A_O = 27{,}7\ cm^2$; $h_P = 3{,}27\ cm$; $V = 7{,}54\ cm^3$

33. $V = 218\ m^3$

34. a) $A_G = 16{,}24\ cm^2$; $V_{Pyr.} = 65\ cm^3$; $h_S = 12{,}19\ cm$ $A_O = 107{,}69\ cm^2$
b) $V_{Prisma} = 194{,}9\ cm^3$
Wenn $V_{Pyr.}$ mit 100 % in die Rechnung eingeht, entspricht V_{Prisma} 299,8 %.

35. a) $r = 3{,}7\ dm$; $A_G = 43\ dm^2$; $V = 78{,}85\ dm^3 \approx 79\ dm^3$; $s = 6{,}6\ dm$
b) $A_G = 19{,}63\ dm^2$; $V = 102{,}76\ dm^3 \approx 103\ dm^3$; $s = 15{,}9\ dm$
c) $r = 25\ cm$; $A_G = 1\,963{,}5\ cm^2$; $V = 65\,449{,}8\ cm^3 \approx 65\ dm^3$; $s = 10{,}3\ dm$
d) $A_G = 36{,}3\ dm^2$; $V = 60{,}53\ dm^3 \approx 61\ dm^3$; $s = 6{,}0\ dm$

36. $r = 6{,}8\ cm$ liefert $V = 571{,}38\ cm^3 \approx 571\ cm^3$
$r = 11{,}8\ cm$ liefert $V = 991{,}52\ cm^3 \approx 992\ cm^3$

37. $V = 858{,}97\ cm^3$; $u = 28{,}5\ cm$

38.* Viertelkreis: $s = 10\ cm$; $r = 2{,}5\ cm$; $h = 9{,}68\ cm$; $A_O = 98{,}1\ cm^2$
Halbkreis: $s = 10\ cm$; $r = 5\ cm$; $h = 8{,}66\ cm$; $A_O = 235{,}6\ cm^2$

39. $A_M = 17{,}34\ m^2$ ($\hat{=}$ 80 %); $21{,}7\ m^2$ Blech

40. $h \approx 1{,}2\ m$

41. $r = 12\ cm$; $V = 7\,238\ cm^3$; $A_O = 1\,810\ cm^2$

42. a) $u = 11{,}9\ cm$; $A_O = 45{,}4\ cm^2$; $V = 28{,}7\ cm^3$
b) $u = 26{,}7\ cm$; $A_O = 227\ cm^2$; $V = 322\ cm^3$
c) $u = 70{,}4\ cm$; $A_O = 1\,576\ cm^2$; $V = 5\,885\ cm^3$

43. a) $d = 4{,}6\ cm$; $s = 6{,}9\ cm$; $V = 36{,}0\ cm^3$
b) $r = 5\ dm$; $s = 20{,}6\ dm$; $V = 524\ dm^3$
c) $d = 15\ m$; $s = 8{,}7\ m$; $V = 265\ m^3$
d) $d = 6{,}2\ cm$; $h = 9{,}3\ cm$; $V = 93{,}6\ cm^3$
e) $r = 7{,}85\ dm$; $d = 15{,}7\ dm$; $V = 271{,}03\ dm^3$
f) $d = 10\ cm$; $h = 3{,}8\ cm$; $s = 6{,}29\ cm$
g) $r = 4{,}9\ cm$; $d = 9{,}8\ cm$; $s = 9{,}37\ cm$

44. a) $d = 4{,}0\ cm$; $h = 7{,}75\ cm$; $A_M = 50{,}3\ cm^2$; $A_O = 62{,}8\ cm^2$
b) $r = 9\ cm$; $h = 39{,}0\ cm$; $A_M = 1\,130{,}97\ cm^2 \approx 11{,}3\ dm^2$; $A_O = 1\,385{,}44\ cm^2 \approx 13{,}9\ dm^2$
c) $r = 24\ cm$; $h = 43{,}9\ cm$; $A_M = 3\,769{,}9\ cm^2 \approx 37{,}7\ dm^2$; $A_O = 5\,579{,}4\ cm^2 \approx 55{,}8\ dm^2$

d) $d = 60$ cm; $s = 133$ cm; $A_M = 12\,534{,}95$ cm² ≈ 125 dm²;
$A_O = 154$ cm²

45. a) $V = 73{,}6$ cm³; $m = 63{,}3$ g b) $V = 268$ cm³; $m = 231$ g
c) $V = 860$ cm³; $m = 740$ g

46. $V_{Kugel} = 523{,}6$ cm³; $V_{Würfel} = 1\,000$ cm³
a) 52,36 % b) reichlich die Hälfte des Würfelvolumens
c)* $V_{Kugel} = \frac{\pi}{6} \cdot d^3$; $V_{Würfel} = d^3$

$$\frac{V_{Kugel}}{V_{Würfel}} = \frac{\frac{\pi}{6} \cdot d^3}{d^3}; \quad V_{Kugel} = \frac{\pi}{6} \cdot V_{Würfel}$$

$\frac{\pi}{6} \approx 0{,}52$, also: $V_{Kugel} = 0{,}52 \cdot V_{Würfel}$

47. $r_a = 9{,}87$ cm; $r_i = 8{,}87$ cm; $V = 2\,921$ cm³

48. $d = 14$ cm; $V = 1\,437$ cm³

49.* $A_O = \pi \cdot d^2$
$D = 5 \cdot d$; $A_O' = (5\,d)^2 \cdot \pi = 25\,d^2 \cdot \pi$

Der Oberflächeninhalt wächst auf das 25fache der ursprünglichen Oberfläche.

50. a) $d = 6{,}6$ cm; $V \approx 151$ cm³; $A_O = 136{,}8$ cm² ≈ 137 cm²
b) $d = 15{,}8$ dm; $V \approx 2{,}07$ m³; $A_O = 784{,}3$ dm² ≈ 784 dm²
c) $r = 400$ mm; $V \approx 268$ dm³; $A_O = 201{,}06$ dm² ≈ 201 dm³
d) $r = 2{,}9$ cm; $V \approx 102$ cm³; $A_O = 105{,}68$ cm² ≈ 106 cm²
e) $r = 6{,}2$ cm; $d = 12{,}4$ cm; $A_O = 483$ cm²
f) $r = 4{,}92$ cm; $d = 9{,}84$ cm; $A_O = 304{,}65$ cm² ≈ 305 cm²
g) $A_O = 100$ cm²; $r = 2{,}82$ cm; $d = 5{,}64$ cm; $V = 94{,}0$ cm³
h) $r = 1{,}99$ cm; $d = 3{,}98$ cm; $V = 33{,}01$ cm³

51. a) Erddurchmesser: $d = 12\,756$ km $= 12\,756\,000$ m
Globus: d_G $d_G : d_E = 1 : 12\,756\,000$

b) Astronaut müßte im Abstand von 2,3 cm plaziert werden.
Abstand des Flugzeugs von der Globusoberfläche: 0,8 mm.

52. $A_O = 132\ cm^2$; $V = 92\ cm^3$

53. Kugel: $d \approx 0{,}56\ m$; $V \approx 94\ dm^3$ 54. $h = 8\ cm$

Würfel: $a \approx 0{,}41\ m$; $V \approx 68\ dm^3$

55. a) Prismen (auch Zylinder) b) Quader c) Würfel

d) Kegel e) Pyramiden f) Kugeln g) quadratische Pyramiden

Aufgabenmix 1

1. Die andere Seite ist 40,00 m lang.

2. Wenn das Aquarium völlig mit Wasser gefüllt wird, faßt es 26,25 l.

3. b) $A_O = 74{,}25\ cm^2$

Aufgabenmix 2

1. $A_O = 540{,}35\ cm^2$ ($\widehat{=}$ 90 %); 100 % $\widehat{=}$ $600{,}39\ cm^2$

100 Dosen: $6\ m^2$ Blech

2. $127\,500\ m^3$

3. Dreieck: $u = 14{,}5\ dm$, $A = 7{,}95\ dm^2$

Parallelogramm: $u = 22{,}6\ dm$; $A = 14{,}28\ dm^2$

Trapez: $u = 23{,}7\ dm$; $A = 28{,}98\ dm^2$

Kreis: $u = 42{,}09\ dm$; $A = 141{,}03\ dm^2$

Aufgabenmix 3

1. a) $V = 3\,132\ cm^3$; $m \approx 24{,}4\ kg$ b) $V = 672\ cm^3$; $m \approx 5{,}24\ kg$

2. a) 1 000 Würfel mit der Kantenlänge 1 cm.

b) großer Würfel: $600\ cm^2$

1 000 kleine Würfel: $6\,000\ cm^2$

Die kleinen Würfel haben zusammen eine 10mal so große Oberfläche wie der große Würfel.

3. 9,8 l Wasser

Aufgabenmix 4

1. $\varrho = 7{,}84\ g \cdot cm^{-3}$; Stahl

2. Ebene Figuren: Quadrat, Kreis, Trapez, Rechteck, Parallelogramm
   Körper: Quader, Kreiszylinder, Würfel, Prisma
3. a) $V = 85{,}595\ cm^3$ b) 3. Seite: 6,5 cm; $A_O = 152{,}9\ cm^2$
4. $V = 538{,}704\ mm^3 \approx 539\ mm^3$; $A_O = 680{,}4689\ mm^2 \approx 680\ mm^2$

Aufgabenmix 5

1. b) $A_M = 31{,}4\ cm^2$; $V = 15{,}7\ cm^3$
2. $V \approx 58{,}1\ cm^3$
3. $A \approx 35{,}5\ cm^2$
4. a) 99,16 cm b) 31,6 cm c) $0{,}22\ m^3$

Aufgabenmix 6

1. a) $r_1 = 5$ cm; b) $r_2 = 8{,}7$ cm
   $V_{Würfel} = 1\,000\ cm^3$; $V_{Kugel,r_1} = 523{,}6\ cm^3$
   $V_{Kugel,r_2} = 2\,758{,}3\ cm^3 \approx 2{,}76\ dm^3$
2. A = 0,5 FE + 2 FE + 1 FE + 1,5 FE = 5 FE
3. $\varrho_{Blei} = 11{,}34\ g \cdot cm^{-3}$; $m = 25{,}86 \cdot 11{,}34\ g + 19{,}40 \cdot 11{,}34\ g$
   $A_O \approx 67{,}2\ cm^2$ $m = 293{,}27\ g + 219{,}95\ g = 513{,}22\ g$
   $m \approx 513\ g$

Aufgabenmix 7*

1. $V(k) = 0{,}92\ k^3$ $V(30) = 24\,840\ mm^3$; $V(65) = 252\,655\ mm^3$;
   $V(120) = 1\,589\,760\ mm^3$
2. $h_{Pyr} = \sqrt{31}\ cm \approx 5{,}57$ cm; $V = 14{,}85\ cm^3$
   $h_a = \sqrt{32}\ cm \approx 5{,}66$ cm; $h_b = \sqrt{35}\ cm \approx 5{,}92$ cm; $A_O = 42{,}46\ cm^2$
3. b) d = 4,8 cm; $V = 30{,}16\ cm^3$; $A_O = 52{,}8\ cm^2$

Aufgabenmix 8

1. a) $A = 3\,ab$; $u = 4\,(a + b)$ b) $A = 3{,}5\,a^2$; $u = 8\,a + a\sqrt{2}$
   c) $A = \frac{3\pi x^2}{16}$; $u = \frac{3\pi x}{4} + x$
2. $\varrho_{Stahl} = 7{,}8\ g \cdot cm^{-3}$; $V \approx 523{,}6\ cm^3$; m = 4,084 kg
3. Zylinder: h = 10,0 cm und r = 3,5 cm; $V = 384{,}8\ cm^3$
   $A_O = 296{,}9\ cm^2$
   Kegel: $V = 1\,026\ cm^3$; $A_O = 619{,}9\ cm^2$

5. Argumentieren, Begründen, Beweisen

5.1. Warum? Weshalb? Wieso? - Begründungen

1. Jürgen hat unrecht. Ein Gegenbeispiel genügt (z.B. $7 \nmid 60$), um die Aussage zu widerlegen.

2. Zu vergleichen sind im Fall der Zahl $\frac{2}{3}$ die Differenzen:
$1 - \frac{2}{3} = \frac{3-2}{3}$ und $\frac{3}{2} - 1 = \frac{3-2}{2}$.
Das heißt: Im ersten Bruch bleibt der Nenner von $\frac{a}{b}$, also b, und im zweiten Bruch steht bei gleichem Zähler b - a der Zähler von $\frac{a}{b}$ nun im Nenner. Da der Zähler a kleiner als der Nenner b vorausgesetzt war, steht der Bruch $\frac{a}{b}$ in der Tat stets näher bei 1 als der Bruch $\frac{b}{a}$.

3. a) $\overline{AB} = \overline{BC}$ b) $g \parallel h$ c) $\overline{EF}$ liegt auf $\overline{AB}$ d) $\overline{AB} = \overline{CD}$

4. Nur wenn a und b die Längen von Strecken sind, die einen rechten Winkel einschließen.

5.* Das Distributivgesetz $a \cdot (b + c) = a \cdot b + a \cdot c$ gilt im Falle von Taschenrechnerzahlen deshalb nicht allgemein, weil das notwendige Überführen von gemeinen Brüchen in Dezimalbrüche (wie auch das Operieren mit Zahlen, die nicht mehr in voller Länge angezeigt werden können) Rundungen erforderlich macht.
Beispiel: $\frac{4}{3} \cdot 5 + \frac{4}{3} \cdot 16 = \frac{20}{3} + \frac{64}{3} = \frac{84}{3} = 28$ bzw.
$(5 + 16) \cdot \frac{4}{3} = 21 \cdot \frac{4}{3} = \frac{21 \cdot 4}{3} = 7 \cdot 4 = 28$
Mit dem Taschenrechner erhält man (je nach Typ) z.B.:
6, 666 666 6 + 21,333 333 3 = 27,999 999 9 bzw.
5 [+] 16 [=] [x] 4 [÷] 3 [=] [28].

6. a) Entspricht nicht der Teilbarkeitsregel durch 4; man bedenke: 14 : 4.
b) Es gibt aber weitere Teiler, zum Beispiel $7 \cdot 13 = 91$, also 7 und 13.
c) Das ist richtig, denn ein Quadrat ist auch ein Rechteck.
d) Das ist nicht richtig, denn ein Trapez ist nicht in jedem Fall ein Parallelogramm.
e) Diese Begründung ist nicht schlüssig, denn sie wäre sonst auch auf den Zahlenbereich N anwendbar. Vielmehr muß der zweite Schluß heißen: "... und weil die Subtraktion einer rationalen Zahl der Addition der entgegengesetzten Zahl entspricht."

f) $x > \frac{1}{x}$ gilt für $x \in N$, ausgenommen x = 0 und x = 1. Im Falle $x \in Q_+$ gilt $x > \frac{1}{x}$ darüber hinaus nicht für $x < 1$.

7. Definitionen: b), c) h), i); Sätze: a), d), e), f), g)

8. Wahr sind a), e); die anderen Aussagen sind falsch.

9.* a) Falsch, denn es muß $a > 0$ gefordert werden.

b) Wahr, denn wie auch immer a gewählt wird, stets gibt es eine Zahl b, durch die mittels Addition ein Zuwachs erzielt wird.

c) Wahr, es handelt sich um die Zahl b = a.

d) Wahr; es handelt sich um die Zahl b = a.

10. a) Jede Diagonale im Quadrat ist Basis eines gleichschenklig-rechtwinkligen Dreiecks. Diese Dreiecke sind nach dem Kongruenzsatz sws zueinander kongruent. Folglich sind auch die Diagonalen gleich lang.

b) Die Diagonalen im Rechteck bilden mit den Seiten des Rechtecks 2 Paare zueinander kongruenter Dreiecke (wsw). Daraus folgt, daß die Dreiecksseiten, die aus den Diagonalenabschnitten gebildet werden, jeweils gleich lang sind. Also halbieren die Diagonalen einander.

c) Der Definition des Drachenvierecks folgend, muß es zwei gleichschenklige Dreiecke geben, die durch das Eintragen einer Diagonalen gebildet werden.
Die Mittelsenkrechten dieser Dreiecke liegen auf der zweiten Diagonalen.

d) Wie im Fall b) können 4 Teildreiecke betrachtet werden, die paarweise zueinander kongruent sind und somit paarweise in den Seiten (so auch in denen die auf den Diagonalen des Parallelogramms liegen) übereinstimmen.

5.2. "Kleinigkeiten" sind wichtig! - Vorübungen für das Beweisen

3. b) $\triangle ABS \sim \triangle SDC$ (Die Ähnlichkeit der beiden Dreiecke folgt nach dem Hauptähnlichkeitssatz; denn es gilt:
$\sphericalangle ASB \cong \sphericalangle CSD$ Scheitelwinkel
$\sphericalangle ADC \cong \sphericalangle ABC$ Peripheriewinkel über demselben Bogen.)

6. a) Wenn ein Dreieck spitzwinklig ist, so ist es gleichseitig. (Das gilt nicht, denn gleichseitige Dreiecke haben stets Innenwinkel von der Größe 60°, spitzwinklige dagegen unterliegen nicht dieser Bedingung.)

b) Wenn eine Zahl durch 3 teilbar ist, so ist sie auch durch 9 teilbar. (Das gilt nicht. Ein Gegenbeispiel genügt zur Begründung.)

c) Die Umkehrung ist wahr.

8. a) $\{2n + 1\}$, $n \in N$ b) $\{-2n\}$, $n \in N$; $n > 0$
c) $\{3n + 1\}$, $n \in N$ d) $\{4n + 3\}$, $n \in N$
e) $\{n^2\}$, $n \in N$; $n > 0$ f) $\{n^2 + 1\}$, $n \in N$; $n > 0$

9. $3x$ $(x \in N)$; $8x$ $(x \in N)$; $5x$ $(x \in N)$; $k \cdot x$ $(x, k \in N)$

10. $2x$ $(x \in N)$; $2x + 1$ $(x \in N)$; $x + (x + 1) + (x + 2)$ $(x \in N)$
$2x + 2(x + 1)$; $(2x + 1) + (2x + 3)$; x^2; $\frac{1}{a}$; $5x + 2$

11. Die Aufgabenstellung wird erfüllt durch: b), c) wenn $n \geqq 1$, e), f).

12. a) für $x = 24$ b) für $\{6; 8; 15; 16; 24\}$ c) für $\{10; 19; 35\}$
d) für $\{6; 8; 10; 15; 16; 19; 35\}$

13. a) Falsch wird diese Aussage, wenn das Dreieck
- nicht rechtwinklig ist,
- nicht gleichschenklig ist,
- rechtwinklig, aber nicht gleichschenklig ist,
- gleichschenklig, aber nicht rechtwinklig ist.

b) Falsch wird diese Aussage,
- falls $x \leqq 100$ ist,
- falls x ungerade ist,
- falls x gerade ist, aber $x \leqq 100$ gilt,
- falls $x \leqq 100$ ist, aber x ungerade ist.

c)* Falsch wird diese Aussage,
- falls x gerade ist und x gleichzeitig größer oder gleich 50 ist,
- falls x ungerade ist und x gleichzeitig kleiner als 50 ist.

(Bemerkung zu c: Durch das Signal "entweder oder" wird die Aussagenverknüpfung $\succ\!\!-\!\!\prec$, also die Disjunktion, auch Antivalenz genannt, angesprochen. In diesem Fall ist das "oder" im ausschließenden Sinn gemeint, und das Zutreffen beider Aussagen wird als falsch aufgefaßt.)

14. a) Nicht alle Parallelogramme sind Rechtecke. (Es gibt Parallelogramme, die nicht Rechtecke sind.)

b) Nicht alle natürlichen Zahlen sind ungerade. (Es gibt natürliche Zahlen, die nicht ungerade sind.)

c) Nicht alle ungeraden Zahlen sind durch 5 teilbar. (Es gibt ungerade Zahlen, die nicht durch 5 teilbar sind.)

d) Es gibt keine natürliche Zahl x, so daß $2 \cdot x = 1$ ist. (Eine natürliche Zahl x, für die $2 \cdot x = 1$ gilt, gibt es nicht.)

e) Es gibt keine natürliche Zahl, deren Quadrat kleiner als die Zahl selbst ist (Eine natürliche Zahl, ...)

15. (5) $\alpha' = \alpha$ (Scheitelwinkel). Aus (3) folgt wegen (4) und (5): $\varepsilon + \alpha + \gamma = \beta + \alpha + \gamma$ und weiter (6) $\varepsilon = \beta$, w.z.b.w.

16. (3) $\sphericalangle$ ECD = $\sphericalangle$ FDB (nach Voraussetzung (c) - Stufenwinkel)

(4) $\triangle$ FBD $\cong$ $\triangle$ EDC (nach wsw)

17. (2) $\alpha = \alpha'$ (Wechselwinkel an geschnittenen Parallelen)

(3) $\beta = \beta'$ (Wechselwinkel an geschnittenen Parallelen)

Daraus folgt

(4) $\alpha' + \beta' + \gamma = \alpha + \beta + \gamma = 180^\circ$.

18. Voraussetzung: $\frac{a}{b} = \frac{c}{d}$ ($a, b, c, d \in Q$; $b, d \neq 0$)

Behauptung: $\frac{a + b}{b} = \frac{c + d}{d}$

Beweis: (1) wie in der Aufgabenstellung

(2) $\frac{a}{b} + 1 = \frac{c}{d} + 1$ (Addition von 1 auf beiden Seiten der Gleichung)

(3) $\frac{a}{b} + \frac{b}{b} = \frac{c}{d} + \frac{d}{d}$ (Erweitern von $\frac{1}{1}$ mit b bzw. d)

5.3. Konstruieren und Messen reicht nicht! - Beweisen geometrischer Aussagen

Die folgenden Angaben sind keine vollständigen Beweisdarstellungen. Es wird i. allg. nur eine Beweisidee skizziert.

1. Anwenden des Wechsel- oder Stufenwinkelsatzes und des Satzes über Scheitel- bzw. Nebenwinkel.
2. Anwenden eines Kongruenzsatzes, z.B. sws
3. Nachweisen, daß $\triangle$ BFE $\cong$ $\triangle$ FDC
4. Anwenden des Kongruenzsatzes sws
5. Anwenden des Kongruenzsatzes wsw und des Wechselwinkelsatzes
6. Es genügt zu zeigen, daß $\overline{PQ} = \overline{RS}$ und $\overline{PS} = \overline{QR}$ gilt. Dazu Kongruenz von $\triangle$ PBQ und $\triangle$ RDS bzw. $\triangle$ APS und $\triangle$ CRQ mit Hilfe des Kongruenzsatzes sws nachweisen.
7. $\overline{MA} = \overline{MB} = \overline{MC} = \overline{MD}$ (Radius des Kreises um M; Kongruenzsatz sss)
8. Anwenden des Kongruenzsatzes sss ($\overline{M_1A} = \overline{M_1C}$ - Radius des Kreises um M_1; $\overline{M_2A} = \overline{M_2B}$ - Radius des Kreises um M_2)
9. Anwenden des Kongruenzsatzes wsw und des Scheitelwinkelsatzes
10. Anwenden des Hauptähnlichkeitssatzes und des Satzes über Wechselwinkel an geschnittenen Parallelen
11. Anwenden des Hauptähnlichkeitssatzes
12. Rechteck (AB $\parallel$ DC; BC $\parallel$ AD; $\sphericalangle$ ABC = 90°)
13. a) $\sphericalangle$ AEB = 90° (Satz des Thales); b) Anwenden des Hauptähnlichkeitssatzes; c) $\overline{AF} : \overline{AB} = \overline{MF} : \overline{EB} = \overline{AM} : \overline{AE}$

5.4. Zahlenbeispiele sind gut, aber ... - Beweisen arithmetischer Aussagen

Die folgenden Angaben sind nicht immer vollständige Beweisdarstellungen. Es wird i. allg. nur eine Beweisidee skizziert.

1. $a = 5k$; $b = 5l$; d.h. $a + b = 5(k + l)$, also $5 \mid (a + b)$
2. $a = 3k$; $b = 3l$; d.h. $a \cdot b = 3 \cdot k \cdot 3 \cdot l = 9 \cdot k \cdot l$, also $9 \mid a \cdot b$
3. $S = n + n + 1 + n + 2 = 3n + 3 = 3(n + 1)$, also $3 \mid S$
4. $1 + 2 + 3 + 4 = 10$; $4 \nmid 10$

5. $S = 2n + (2n + 2) + (2n + 4) + (2n + 6) = 8n + 12 = 4(2n + 6)$, also $4 \mid S$

6.* $S = 3n + (3n + 1) + (3n + 2) + (3n + 3) + (3n + 4) + (3n + 5) + (3n + 6) = 21n + 21 = 21(n + 1)$, also $21 \mid S$

7. $a = 2n$, $b = 2m$ mit $a > b$; $d = a^2 - b^2 = 4n^2 - 4m^2 = 4(n^2 - m^2)$, also $4 \mid d$

8. $a = 2n + 1$; $b = 2m + 1$; $a \cdot b = (2n + 1)(2m + 1) = 4nm + 2n + 2m + 1$, also ist $a \cdot b = 2(2nm + n + m) + 1$ eine ungerade Zahl.

9. Von drei aufeinanderfolgenden Zahlen ist stets mindestens eine Zahl gerade und genau eine Zahl durch 3 teilbar. Folglich ist das Produkt dieser Zahlen stets durch 6 teilbar.

10. $S = n + n^2 = n(1 + n)$, d.h., diese Summe ist stets als Produkt aus einer geraden und einer ungeraden Zahl darstellbar.

11.* $m^2 - 1 = (m - 1)(m + 1)$ Da m eine ungerade Zahl ist, sind $m - 1$ und $m + 1$ zwei aufeinanderfolgende gerade Zahlen, deren Produkt stets durch 4 teilbar ist.

12. a) Für $a = 0$ und b beliebig werden die Gleichungen (1) und (2) erfüllt.
    b) Für $a = 2$ und $b = 2$ werden die Gleichungen (1) und (2) nicht erfüllt.

13. $\frac{a}{b}$ kürzbar bedeutet: a und b haben einen gemeinsamen Faktor, also $a = k \cdot a'$ und $b = k \cdot b'$. Damit ist
$\frac{a - b}{a + b} = \frac{k \cdot a' - k \cdot b'}{k \cdot a' + k \cdot b'} = \frac{k(a' - b')}{k(a' + b')}$ kürzbar.

14.* $z = a \cdot 10 + b$, $z' = b \cdot 10 + a$ $(0 < a, b < 10)$
$|z - z'| = |9a - 9b| = 9 \cdot |a - b|$, d.h. $9 \mid |z - z'|$.

15. a) Für $n = 3$ und $n = 5$ ist $\frac{n^2 - 1}{n^2 + 1}$ kürzbar.
    b)* Für ungerade n ist $\frac{n^2 - 1}{n^2 + 1}$ stets kürzbar, weil $n^2 - 1$ und $n^2 + 1$ zwei aufeinanderfolgende gerade Zahlen sind.

16. Beweis (indirekt): Annahme: $3 \mid a$ und $3 \mid b$, d.h. $3 \mid (a + b)$. Das ist ein Widerspruch zur Voraussetzung, also ist die Annahme falsch und die Behauptung wahr.

5.5. Denken macht Spaß! - Verschiedene Logik-, Knobel- und Beweisaufgaben

1. 1. Etage: Fam. Dolbe; 2. Etage: Fam. Anger; 3. Etage: Fam. Carsten; 4. Etage: Fam. Bohne; 5. Etage: Fam. Einhorn
Angaben a), c), e), f) sind überflüssig.

2. Arnim hat den Faserschreiber, Bodo den Radiergummi, Chris die Kassette.

3. $n \in \{5; 17; 19; 29; 37; 59; 79; 89\}$

4. a) und h); b) und g); c) und f); d) und e)

5. 8 Schüler

6. Michael kommt aus Halle, Konrad aus Paderborn, Alfred aus Berlin.

7. a) 12 Schüler
b) 14 Schüler

8. 6 mögliche Verteilungen

9.
$$\begin{array}{r} \underline{97 \cdot 11} \\ 97 \\ \underline{\quad 97} \\ 1067 \end{array}$$

10.
$$\begin{array}{r} \underline{901 \cdot 111} \\ 901 \\ 901 \\ \underline{\quad 901} \\ 100011 \end{array}$$

11. 341

12. z.B. $(4 + 4 + 4) : 4 = 3$; $4 \cdot 4 - 4 - \sqrt{4} = 10$

13. 280 solche Zahlen; größte Zahl: 99 678; kleinste Zahl: 10 678

14. 24 Anordnungen; z.B. (wenn b der erste Buchstabe ist): beor; bero; boer; bore; breo; broe

15. a) 15° b) 145°

16. a) Das Jahr hat höchstens 366 Tage, deshalb müssen von 400 Schülern welche am gleichen Tag Geburtstag haben.
b) Die 1 Mill. Einwohner wurden im Zeitraum von max. 100 Jahren $\approx 100 \cdot 365$ Tagen (Schaltjahre nicht berücksichtigt) $= 100 \cdot 365 \cdot 24$ Stunden = 876 000 Stunden geboren. Es können also höchstens 876 000 Einwohner zu unterschiedlichen Stunden geboren sein.

17. a) $\sqrt{2\frac{2}{3}} = \sqrt{\frac{8}{3}} = \sqrt{\frac{2 \cdot 4}{3}} = 2\sqrt{\frac{2}{3}}$; $\sqrt{5\frac{5}{24}} = \sqrt{\frac{25 \cdot 5}{24}} = 5\sqrt{\frac{5}{24}}$
c) $\sqrt{a\frac{a}{b}} = a\sqrt{\frac{a}{b}}$ gilt für $a^2 = b + 1$.

18. $a > b$

19. $-1 < r < \frac{1}{2}$

20. 50 832; 59 832; 55 836

21. $a > 0$; $b < 0$; $c = 0$

22. Nein, da die Quersumme durch 3, aber nicht durch 3^2 teilbar ist.

23. z.B. $\frac{21}{42}$; $\frac{21}{63}$

25. Die Winkel sind rechte Winkel (Satz des Thales).

26. $u = 4\,(a + b)$; $A = ab + \frac{\sqrt{3}}{2}\,a^2 + \frac{\sqrt{3}}{2}\,b^2$

6. Kontrolliere dich selbst!

Die Lösungen dieses Kapitels sind im Aufgabenbuch

"Wer übt, kommt weiter!"

abgedruckt und werden hier nicht noch einmal wiederholt.

R Lösungen der Rätsel

Seite 53

A

a)

6	16	2
4	8	12
14	0	10

b)

13	18	11
12	14	16
17	10	15

c)

4	41	30
51	25	-1
20	9	46

d)

19	24	17
18	20	22
23	16	21

e)

37	16	31
22	28	34
25	40	19

f)

51	30	45
36	42	48
39	54	33

1	-4	3
2	0	-2
-3	4	-1

B

a)
$2 + 2 = 4$
$2 \cdot 2 = 4$
$4 - 4 = 0$

b)
$3 \cdot 3 = 9$
$+ \quad \cdot \quad -$
$4 \cdot 2 = 8$
$7 - 6 = 1$

c)
$2 + 2 = 4$
$+ \quad + \quad +$
$4 + 4 = 8$
$6 + 6 = 12$

d)
$13 + 11 = 24$
$- \quad - \quad -$
$10 + 12 = 22$
$3 + (-1) = 2$

Seite 54

Kreuzzahlrätsel

waagerecht: 1) 84, 2) 3 142, 4) 96, 5) 672, 7) 720, 9) 81, 10) 225, 12) 19, 13) 9 744, 15) 18, 17) 146, 19) 918, 20) 730 senkrecht: 1) 816, 2) 36, 3) 2 705, 4) 961, 6) 78, 7) 729, 8) 22, 11) 9 999, 12) 144, 14) 418, 16) 800, 18) 67

Seite 78

1) Primzahl, 2) Radikand, 3) Subtraktion, 4) Summe, 5) Produkt, 6) Gleichung, 7) Probe, 8) Divisor, O) ADAM RIES

Seite 79

A Kreuzzahlrätsel

waagerecht: a) 182, c) 113, f) 90, h) 31, i) 126, l) 14 400, n) 131, p) 51, r) 11, s) 225, t) 113

senkrecht: a) 196, b) 80, d) 13, e) 314, g) 12 430, i) 141, k) 601, m) 252, o) 213, q) 12, r) 11

B a) (6 + 4) · 2 = 20 (7 + 5) · 3 = 36 (3 + 4) · 7 = 49

b) (3 - 7) · 2 = -8 [9 - (-5)] · 3 = 42 (-5 -3) · (-4) = 32

Seite 80

A magische Quadrate: e), f)

B

8	9	11	4
7	10	13	3
6	12	15	2
5	14	16	1

C

32	4	24
12	20	28
16	36	8

4	9	2
3	5	7
8	1	6

Seite 95

A 1) Variable, 2) Abszisse, 3) Nullstelle, 4) Multiplikation, 5) Radizieren, O) VIETA

B 1) Wertebereich, 2) Funktion, 3) Lösungsmenge, 4) Definitionsbereich, 5) Graph, O) EULER

Seite 96

A. Silbenrätsel

(1) Wertebereich, (2) Argument, (3) Abbildung, (4) Funktion, (5) Wertetabelle, (6) Definitionsbereich, (7) Abszisse, (8) Quadrant

B waagerecht: $3 \cdot 2 - 2 = 4$ senkrecht: $3 \cdot 1 + 1 = 4$

$1 + 3 \cdot 1 = 4$ $2 + 3 - 1 = 4$

$1 + 1 + 2 = 4$ $2 + 1 - 2 = 1$

---

waagerecht: $78 : 6 + 8 = 21$ senkrecht: $(78 - 6) : 4 = 18$

$6 - 2 - 1 = 3$ $6 : 2 + 2 = 5$

$4 \cdot 2 : 2 = 4$ $8 : 1 - 2 = 6$

$18 \cdot 5 + 6 = 96$ $(21 + 3) \cdot 4 = 96$

Seite 157

1) Hypotenuse, 2) Pyramide, 3) Stunde, 4) Drachenviereck, 5) Kathete, 6) Tangente, 7) Rhombus, 8) Parallelogramm, 9) Mantel, 10) Satz, 0) PYTHAGORAS

Seite 158

Flächeninhalt der grauen Fläche: $\frac{3}{4} a^2$; $\frac{1}{2} a^2$; $\frac{1}{4} a^2$

Seite 172

A 1) Tangente, 2) Sehne, 3) Radius, 4) Mittelsenkrechte, 5) Kreis, 6) Durchmesser, 0) THALES

B (b), (d)

Seite 192

1) Sekante, 2) Kugel, 3) Rechteck, 4) Ellipse, 5) Diagonale, 6) Polyeder, 0) EUKLID

Bemerkungen

Dieses Lösungsheft enthält die Lösungen zu den meisten Aufgaben des Buches "Wer übt, kommt weiter!" (ISBN 3-06-001735-2, 1. Auflage, Volk und Wissen Verlag GmbH, Berlin 1991).

Bei rechnerisch zu lösenden Aufgaben werden oft nur die Lösungen angegeben. In nicht wenigen Fällen sind aber auch Angaben zu einem möglichen Lösungsweg ergänzt. Das betrifft insbesondere eine Reihe der Aufgaben mit erhöhtem Schwierigkeitsgrad. Bei Aufgaben, die eine größere Zahl möglicher bzw. sogar unendlich viele Lösungen haben, werden Lösungsvorschläge unterbreitet, die mit "z.B." eingeleitet werden. Bei Anwendungsaufgaben wird i. allg. auf einen Antwortsatz verzichtet. Konstruktionsaufgaben werden höchstens durch die Angabe von einem oder mehreren Kontrollmaßen (Maße für nicht gegebene Stücke) berücksichtigt, sofern diese eine Lösungskontrolle ermöglichen. Das Lösungsheft enthält auch Angaben zu Beweisaufgaben. Diese sind aber keine vollständigen Lösungsdarstellungen, sondern skizzieren e i n e Beweisidee. Bei nicht lösbaren Aufgaben wird die Abkürzung "n.l." verwendet, bzw. "n. def." für "nicht definiert".

Inhalt